世紀人物100

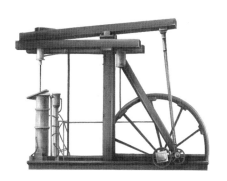

黑手工程師

瓦特

潘震澤　著

三民書局

獻給孩子們的禮物

世界上最幸福的孩子，是他們一出生就有機會接近故事書，想想看，那些書中的人物，不論古今中外都來到了眼前，與他們相識，不僅分享了各個人物生活中的點滴，孩子們的想像力也隨著書中的故事情節飛翔。

不論世界如何演變，科技如何發達，孩子一世幸福的起源，仍然來自於父母的影響，如果每一個孩子都能從小在父母親的懷抱中，傾聽故事，共享閱讀之樂，長大後養成了閱讀習慣，這將是一生中享用不盡的財富。

三民書局的劉振強董事長，想必也是一位深信讀書是人生最大財富的人，在讀書人口往下滑落的多元化時代，他仍然堅信讀書的重要，近年來，更不計成本，連續出版了特別為孩子們策劃的兒童文學叢書，從「文學家」、「藝術家」、「音樂家」、「影響世界的人」系列到「童話小天地」、「第一次」系列，至今已出版了近百本，這僅是由筆者主編出版的部分叢書而已，若包括其他兒童詩集及套書，三民書局已出版不下千百種的兒童讀物。

劉董事長也時常感念著，在他困苦貧窮的青少年時期，是書使他堅強向上，在社會普遍困苦，而生活簡陋的年代，也是書成了他最好的良伴，他希望在他的有生之年，分享這份資產，讓下一代可以充分使用，讓親子共讀的親情，源遠流長。

「世紀人物100」系列早就在他的關切中構思著，希望能出版

孩子們喜歡而且一生難忘的好書。近年來筆者放下一切寫作，接下這份主編重任，並結合海內外有心兒童文學的作者共同為下一代效力，正是感動於劉董事長致力文化大業的真誠之心，更欣喜許多志同道合的朋友，能與我一起為孩子們寫書。

「世紀人物 100」系列規劃出版一百位人物故事，中外各占五十人，包括了在歷史上有關文學、藝術、人文、政治與科學等各行各業有貢獻的人物故事，邀請國內外兒童文學領域專業的學者、作家同心協力編寫，費時多年，分梯次出版。在越來越多元化的世界中，每個人都有各自的才華與潛力，每個朝代也都有其可歌可泣的故事，但是在故事背後所具有的一個共同點，就是每個傳主在困苦中不屈不撓，令人難忘的經歷，這些經歷經由各作者用心博覽有關資料，再三推敲求證，再以文學之筆，寫出了有趣而感人的故事。

西諺有云：「世界因有各式各樣不同的人群，才更加多采多姿。」這套書就是以「人」的故事為主旨，不刻意美化傳主，以每一位傳主的生活經歷為主軸，深入描寫他們成長的環境、家庭教育與童年生活，深入探索是什麼因素造成了他們與眾不同？是什麼力量驅動了他們鍥而不捨的毅力？以日常生活中的小故事，來描繪出這些人物，為什麼能使夢想成真。為

了引起小讀者的興趣，特別著重在各傳主的童年生活描述，希望能引起共鳴。尤其在閱讀這些作品時，能於心領神會中得到靈感。

　　和一般從外文翻譯出來的偉人傳記所不同的是，此套書的特色是，由熟悉兒童文學又關心教育的作者用心收集資料，用有趣的故事，融入知識，並以文學之筆，深入淺出寫出適合小朋友與大朋友閱讀的人物傳記。在探討每位人物的內在心理因素之餘，也希望讀者從閱讀中，能激勵出個人內在的潛力和夢想。我相信每個孩子在年少時都會發呆做夢，在他們發呆和做夢的同時，書是他們最私密的好友，在閱讀中，沒有批判和譏諷，卻可隨書中的主人翁，海闊天空一起遨遊，或狂想或計畫，而成為心靈知交，不僅留下年少時，從閱讀中得到的神交良伴（一個回憶），如果能兩代共讀，讀後一起討論，綿綿相傳，留下共同回憶，何嘗不是一幅幸福的親子圖？

　　2006 年，我們升格成為祖字輩，有一位朋友提了滿滿兩袋的童書相送，一袋給新科父母，一袋給我們。老友是美國國家科學院院士，曾擔任過全美閱讀評估諮議委員，也是一位慈愛的好爺爺，深信閱讀對人生的重要。他很感性的說：「不要以為娃娃聽不懂故事，我的孫兒們一出生就聽我們唸故事書，長大後不僅愛讀書而且想像力豐富，尤其是文字表達能力特別強。」我完全同意，

並欣然接受那兩袋最珍貴的禮物。

　　因為我們同樣都是愛讀書、也深得讀書之樂的人。

　　謹以此套「世紀人物 100」叢書送給所有愛讀書的孩子和家庭，以及我們的孫兒——石開文，他們都是世界上最幸福的孩子，因為從小有書為伴，與愛同行。

作者的話

接下「瓦特」傳的寫作邀約，心下有些惶恐，因為我是生理學家，不是工程師出身，怕對傳主——以改良蒸汽機知名於世的瓦特——介紹得不夠道地。不過，在閱讀了一些參考資料後，我的疑慮也逐漸消失，理由是我在瓦特的工作裡，找到了與我的專長有所相通之處。

以現在的職業分類來說，瓦特是所謂的機械工程師，專門負責各種人造器械工具的設計與製造。那也就是說，機械工程師的工作，是要先弄清楚各種器械的運作原理，然後才進行維修、改進甚或創新。而我的專長人體生理學，是想要了解人體各個器官系統的運作機制。如果把人體比喻成活生生的機器，那麼生理學家也就是人體的機械工程師了。

說起來，人體這個天然機械，比起人造機器來，還要精密複雜得多，除了能維持內部的穩定外，還可以自動修補、加強、演化並繁殖，這些可是人造機器還辦不到的事。至今生理學家也還沒能完全解開人體運作的奧祕；因此，人體要是出了差錯（也就是生了病），醫生未必都能治得好。

師法人體構造以製造器械，或以人工材料補強人體器官，已成就了醫學工程這個新興學門。因此，從生理學家的角度來看瓦特這位早期的機械工程師，也不至於太突兀了。

　　瓦特生長的年代，是工業革命剛起步的年代，也就是有人想到利用機器代替人工，來大量製造生活必需品的年代。當然，人類很早就懂得利用工具來幫忙做事，但那與工業革命時代出現的紡紗機、織布機等機器相比，可是有天壤之別：新式機器的速度、品質與產值，是手工或簡單的器械無法可比的。

　　然而瓦特的貢獻，卻不在於發明或改良了製造業使用的機器，而是提供了機械運轉所需的動力——蒸汽機。其實，瓦特一開始研究改進蒸汽機的目的，並不是為了紡織廠、麵粉廠或其他製造業的需求，而是為了幫忙解決礦場地下水堆積的問題。因此，蒸汽機後來的廣泛應用，並不是一開始就預見的。由此亦可看出，許多有用的發明，常是無心插柳的產物。

　　瓦特是學徒出身，擅長製作及修理科學儀器，卻沒有念過大學。不過，當年的「學院理論派」與「田野實際派」之間，分際並不明顯，通常兼具兩者之長。不像如今理論說得頭頭是道的學者，常拙於動手；而實際經驗豐富的黑手，卻說不出個道理來。

　　瓦特的學歷雖然不高，卻因為在大學擔任技師，認識了一批學

者，得以參與他們交換新知的固定聚會，再加上他勤奮自學，彌補了學識上的不足。後來，瓦特更參與了出名的「月亮學會」，得以與英格蘭伯明罕地區的一流才智之士相互往來，也才能不斷進步。時至 21 世紀的知識經濟時代，除了學歷之外，養成終身學習的興趣及習慣也更形重要，兩百多年前的瓦特，已經證實這一點。

從瓦特的一生，也可以看出「天時、地利、人和」對個人事業的成功與否，具有莫大的重要性。要不是當時對蒸汽機的動力需求孔亟，瓦特也不會投入改良蒸汽機的工作；要不是英格蘭當時製造業的進步，瓦特設計的蒸汽機也難以製成並正常運作；要不是有羅巴克及波爾頓的先後大力支援，瓦特也不會有財力完成蒸汽機的製造，更別說大量生產了。再來，要不是英國早早就有專利制度的保護，瓦特也不可能靠蒸汽機致富，更不要說留下身後大名了。

通常我們只看傳主光彩、讓人稱道的一面，但也有人喜歡發掘傳主失敗、甚或黑暗的一面；越是出名的人物，就越免不了後人的一再剖析，再完美的人也找得出缺點來。像出身不算富裕的瓦特，就有過於

謹慎的毛病，要不是有波爾頓的大膽投資，瓦特蒸汽機不會取得全面的成功，瓦特也難以留名青史。因此，從瓦特身上我們可以學到：成就大事業得集合眾人之力，除了有人動腦有人動手之外，還得有人出錢及妥善經營，否則單憑一人之力，是很難成功的。

　　蒸汽機的原理對現代人來說，不難了解，只需用到基本的物理及化學常識。但讀者可能很難想像，當時的人還不曉得液態水其實是由無數個水分子所組成，而每個水分子又是由兩個氫原子及一個氧原子所構成。至於水的三態變化，以及熱能的觀念，也都還沒有完全建立。由此可見，科學的進步，讓人類對大自然有突飛猛進的了解，也更能駕馭自然界的能源，可說是人類最了不起的成就之一。我們在享受現代生活的方便之餘，也不能不感謝瓦特這位先驅。

　　一如史上大多數成功人士，瓦特的一生也非一帆風順，而歷經困頓及失敗的打擊，到中年以後才嘗到成功的果實，生活也才安定下來。孟子說：「天將降大任於斯人也，必先苦其心志，勞其筋骨，餓其體膚，空乏其身，行拂亂其所為，所以動心忍性，增益其所不能。」意思就是說，當上天要把重任交給這個人時，一定會先給他

種種磨難，為的是激勵他的心性，增強他所欠缺的能力。這段話，用在瓦特身上，再貼切不過，也願與讀者共勉。

寫書的人

潘震澤

生於臺北，長於中壢。從小嗜讀章回小說，養成對文字的興趣。高中三年在新竹中學接受了均衡的教育，並培養對古典音樂的興趣。大學、研究所加助教共八年在臺大度過，享受自由學風之餘，也確立教學研究為一生職志。負笈美國六年半後，回國任教於陽明大學十七年，又再度赴美與家人團聚。目前旅居美國密西根州，任教於奧克蘭大學護理學院，閒暇並從事科普翻譯及寫作工作。

黑手工程師

瓦特

目次

瓦 特

1736～1819

緒 言

　　生活在現代的我們，大概很難想像居家沒有自來水、冰箱、電話、電視或冷氣，以及出門少了汽車、公車、火車或捷運的日子要怎麼過。這些現代生活裡的方便，都是近兩百多年來，人類學會了如何駕馭能源之後，才逐漸發展出來的。

　　跟許多動物比起來，人類的體力其實是蠻差的：不單手提不了重物，跑也跑不快，跳也跳不高。然而，人類用聰明的腦袋，馴服了馬、驢、駱駝，甚至大象作為幫手，讓自己跑得更快更遠，也能夠移動更重的物件。此外，人類利用靈巧的雙手設計了風車及水車，利用風力及水力來轉動磨

盤或其他機械裝置，幫忙完成許多費力的工作。

　　然而，獸力或許大過人力，但也有其限度，更別提飼養動物需要場地、飼料以及人工的照顧。至於風力及水力，更是要看老天爺的臉色；且不說風會停、水會乾，如果不幸碰上颱風洪水，不要說無法利用，還會造成生命財產的損失。因此，這些都不是可靠及普遍適用的能源。

　　即便如此，在人類有限的歷史裡，大部分時間所仰賴的，就是這種不怎麼完美及可靠的獸力及自然力。以交通工具為例，13世紀征服歐亞大陸的蒙古人，仰賴的是行動迅速的騎兵；15世紀的鄭和七下西洋、哥倫布發現美洲大陸以及16世紀的麥哲倫環球航行，靠的都是以風為動力的多桅帆

船。甚至到了19世紀中葉，前往美國西部的拓荒者，還是以馬或牛拉的篷車為主要交通工具。由於當年的陸上交通既緩慢，又不舒適，運輸量也低，因此利用天然河川及人造運河的水上交通，就成為另一種重要的運輸方式；歐美許多地方直到19世紀初仍廣開運河，就像今日修築公路一樣普遍。

最早切斷人類對獸力及自然力仰賴的人之一，就是本書的傳主──瓦特。瓦特最大的貢獻，是改良了一個實用的動力機械──蒸汽機，也就是現代引擎的前身。有了實用的蒸汽機之後，也才出現以蒸汽為動力的輪船、火車與汽車，以及後來取代蒸汽機的柴油及汽油引擎。雖然現代生活裡已不容易發現蒸汽機的身影，但現代人使用的最主要能源──電

力，大部分還是靠火力或核能推動的蒸汽發電機產生；因此，蒸汽機的重要性仍然持續不衰。歷史上稱 19 世紀為「蒸汽的世紀」，20 世紀則是「電的世紀」，歸根究柢，還是多虧蒸汽機的發明。

　　所以說，沒有蒸汽機的發明，18 世紀以來的工業革命就不會快速開展，人類社會也不會從以農業為主的鄉村生活，變成以工業為主的都會生活。其中不單是物質生產方式有了巨大的轉變，還包括工作型態、生活環境、社會階級以及教育制度等在內，都有了天翻地覆的改變。也因此，這位直接或間接促成這些轉變的推手——瓦特，實在值得我們對其生平多做一些了解。

1 瓦特的家世及童年

　　瓦特是英國蘇格蘭人，原本他的家族住在蘇格蘭東北角的亞伯丁郡，但他的曾祖父在一場內戰中喪生，家產也遭剝奪；他的祖父則由親戚扶養長大，並完成了大學教育。由於老家已不存在，瓦特的祖父輾轉來到蘇格蘭的西海岸求發展，落腳在靠近克來德河出海口的漁港格林諾克附近。

　　比起面向歐洲的東部而言，蘇格蘭西部的發展落後許多，人口也不多。但由於英國從16世紀起開始向海外擴張、進行殖民，並訂定嚴格的航運法，規定只有英國及殖民地的船隻才能在英國港口進出口貨物，這種保護政策不單促成了英國航運業的興盛，也使得格

林諾克從原來的小漁港逐漸變成忙碌的商港。

　　瓦特的祖父最早在當地設立了一所學校，給漁夫及船員講授數學及航海的知識；後來他還成為當地教會的長老以及市政官，負有宣導與教育的責任。蘇格蘭一向有優良的教育傳統，很早就訂下了國民義務教育的理想，也就是說，教育不只是家長的責任，也是社會的責任；因此，每個教區都要設學校，讓每位小孩都有機會上學。對於這樣的理想，瓦特的祖父也盡力促成。此外，他還是個多才多藝的人，他應當地航運業及漁業的需要建立了各種事業，包括船舶的修補與供應，以及航用儀器的修復等。

　　瓦特的父親則繼承了父業，成為當地出名的修船與造

船承包商，他甚至還成了幾艘商船的船東之一；此外，他也兼營儀器製造及修理，主要是船隻航行用的星盤、四分儀及羅盤等。為了碼頭卸貨的需要，他還製造了格林諾克港第一座起重機。他將工廠設在住家後頭，在生意最興盛時，同時有十四位工人在工廠裡工作。在工業革命以前，這已經是具有相當規模的工廠了。

　　瓦特出生於 1736 年 1 月 19 日，之前他的母親曾生過三個小孩，卻都在嬰兒期就不幸夭折，因此瓦特出生後，母親對他照顧得無微不至。

　　瓦特從小體弱多病，直到十一歲左右才正式上學，之前都待在家中由母親教導。這對生性敏感內向的瓦特來說，似乎不是壞事，讓他有充分的時間發展自信與興趣，免於受到

同儕壓力的影響。但就算是這樣，瓦特就學的頭幾年仍然相當不適應，成績也不好，直到十三歲進入大學預校（英國的中學系統）後，才有所好轉。

由於瓦特小時候都待在家裡，於是父親在工廠裡給了他一方工作臺、各種工具及一個小型熔爐，讓他可以製作一些物件的迷你模型，好比小型起重機、滑輪、管風琴及杓子等。這個小型工作室，不但成了少年瓦特的最佳休閒去處，對於他後來一生的事業，也都有決定性的影響。瓦特擁有靈巧的雙手，最複雜的工作對他來說也輕而易舉，這樣的天賦曾得到比他年長許多的工人稱讚，說他的「手指尖可為他帶來財富」。

關於瓦特的童年，流傳著幾個膾炙人口的故事，那是在

瓦特成名多年以後，由他的表姐妹所轉述的。其中一則據說發生在瓦特六歲左右，當時家裡來了一位客人，看到瓦特拿著一根粉筆在壁爐前的地板上畫著。於是訪客對瓦特的父親說:「你應該把小孩送到學校裡學習，而不是讓他在家裡浪費時間。」瓦特的父親回答說:「請你在指責小孩之前，先看看他究竟在做些什麼。」訪客趨前一看，原來瓦特畫的是一些幾何圖形，並且還寫下了計算結果。他順口問了年幼的瓦特一些問題，發現瓦特的回答不但迅速而且正確，於是訪客對瓦特的父親說:「抱歉，是我錯了，你並沒有忽視孩子的教育。你這個孩子將來可不簡單啊!」

　另外一則故事，更廣為人知，因為那與瓦特後來改良蒸

汽機的發明有間接的關係。下面這段話據說是瓦特的姨媽說的:「瓦特啊!我還沒看過哪個小孩像你這麼懶散的!過去一個小時裡你一句話也沒說,只是坐在那裡把正在燒水的水壺蓋子掀起,再放回去;我又看你拿根銀湯匙放在壺嘴上,擋住冒出的水蒸氣,然後再拿個杯子接住從湯匙上掉落的水珠。你把時間花在這上頭,難道不感到慚愧嗎?」

多數名人都有這種小時了了的故事,裡頭或有誇大之處,但也無傷大雅,不必非得懷疑其真實性。像頭一個故事是想強調瓦特從小就有過人的聰明才智,尤其是具有數學天分;如果說故事發生時,瓦特的年紀再加個幾歲,同時他曾經在家接受了母親的教導,那麼有那樣的表現,也還不至於

讓人太過訝異。

至於第二個故事明顯有斧鑿的痕跡，好像是為瓦特的未來量身打造的。其實許多小孩都玩弄過水蒸氣，看著水蒸氣冷卻後形成水珠；要不是瓦特後來的發明是蒸汽機，這樣的故事也不算太離譜。再怎麼說，利用蒸汽膨脹的力量來推動機械，並不是瓦特的發現，就算瓦特小時候確實對水蒸氣著迷過，那對於他日後在機械製造與發明的成就上，並沒有直接的相關。我們只能說瓦特從小就有觀察事物的好奇心，也有做實驗的耐心，如是而已。

瓦特在學校裡對所有的科學課程都感興趣，他早期最喜歡的科目是幾何與機械，後來則是地質、植物、天文及解剖。他喜歡閱讀，能夠到手的

書都不放過；雖然18世紀英國的圖書出版不如今日蓬勃，但規模也已經相當可觀。再加上瓦特的記憶力過人，過目不忘，尤其擅長把讀過的內容加上自己的想像，編成吸引人的故事，滔滔不絕說個不停。據說瓦特十四歲左右，曾住在母親的娘家，也就是瓦特外祖父母家，由於他晚上怕一個人睡不著，希望有人陪伴，於是就不斷編故事說給大家聽；其中有的故事嚇人，有的幽默，還有的悲傷，但都引人入勝，每天都把外祖父母全家人拖到半夜以後才上床。到後來他們只好求瓦特的母親把瓦特帶回家，以便恢復正常的作息時間。

少年時代的瓦特也喜歡大自然，白天他會跑到碼頭邊釣魚，晚上他則喜歡躺在草地

上，利用從父親的儀器店裡借來的望遠鏡觀察星球。瓦特有頭痛的毛病，那會讓他感到心煩意亂。每當他覺得頭痛的毛病即將發作時，他會一個人到郊外散步，連續走上幾個小時，直到野外清新的空氣將他煩躁的心情給驅散為止。

水蒸氣的威力

　　水是自然界最奇妙的一種化合物，常溫下是清澈透明的液體，低溫下可凝結成冰，高溫下又會變成水蒸氣。事實上，水是由無數個肉眼不可見的水分子所組成，而每個水分子又包含兩種元素，分別是氫和氧這兩種氣體。

　　水分子與水分子之間，擁有某種吸引力，可讓彼此靠近結合，但又可輕易分開；因此，水在常溫下為液態。由於水分子具有這種特性，因而成為最佳溶劑，各種有機及無機化合物分子都可輕易溶入水中，成為各種溶液。生物體的體液主成分就是水，像人體接近百分之六十的體重都由水構成，分布在細胞內外。所以說，「女人是由水做的」這句話並不假，只不過這個說法也

適用於男性。男人體內的含水量，甚至比女人還高一些。

隨著溫度的下降，水分子的活動會逐漸減緩，到攝氏零度時，水分子之間的關係甚至會固定下來，形成規律的格狀構造，也就是固態的水——冰。由於水分子的格狀排列方式占了較大的空間，而使得冰的密度比液態水來得低，因此會浮在水面上。這種特性對水生生物來說是非常重要的，因為就算是到了冬天，湖水或河水結起冰來，也是從水面開始，底下仍有水生生物活動生存的空間。

反過來，當溫度逐漸升高，水分子的活性也逐漸增加，當水溫達攝氏一百度時，就開始有水分子脫離水面，形成氣態的水——水蒸

氣。雖說水分子間的吸引力並不強，在室溫下也不斷會有水分子逸出水面，蒸發至大氣中，但要將一定體積的液態水加熱至沸騰，並完全汽化，可需要不少的熱量。事實上，熱量的單位「卡」，指的就是將一克的液態水升高攝氏一度所需的能量；至於要將一克沸騰的水變成水蒸氣（溫度同樣是攝氏一百度），則需要五百四十卡的能量。由此可見水蒸氣所含的熱量，可是要比沸騰的水大得多。這也就是為什麼由水蒸氣造成的灼傷，經常要比開水造成的傷害，來得更嚴重的理由。

水蒸氣除了比液態水含有更高的能量外，其體積也有大幅的增加；那是由於水分子與水分子之間不再緊密結合，可自由單獨行動所造

成。以一公升體積的水為例，在一大氣壓下全部轉化成水蒸氣時，體積將增加一千六百七十三倍之多。由此不難想像，水蒸氣的力量相當龐大，足以推動各種蒸汽引擎；換句話說，水蒸氣也推動了工業革命。

2 學徒瓦特

　　瓦特的母親在他十七歲那年突然過世了，失去了親愛的母親，瓦特內心的難過可想而知。同時，瓦特的生活裡還有另一椿不幸的事：他父親的事業失敗了，而所屬的商船也沉沒了。因此，瓦特得自力更生，學習一門手藝以養活自己，而不能仰賴繼承父親的事業，同時也得放棄念大學的打算。由於瓦特已經在父親的工廠裡表現出機械方面的天分，也樂在其中，因此學習儀器修理就自然而然成為瓦特的職業選擇。

　　儀器對於科學研究的重要性，常為一般人所忽略；但儀器製造者可以說是科學進展的無名英雄、幕後推手。像16世

紀發生於歐洲的海外大探險，就是得利於星盤、四分儀及羅盤等航行儀器的進步；同理，陸地丈量儀器對於新開發領土的地圖製作也不可或缺。此外，像望遠鏡及顯微鏡這種新一代光學儀器的發展與問世，也多虧製作眼鏡與研磨鏡片師傅的默默努力。今日實驗室許多常見的儀器，譬如氣壓計、溫度計、天平，甚至手術器械等，當初都是仰賴一些技藝高超的工匠，以手工打造出來的。瓦特想要學習的維生技藝，就是如何製造及修理這些科學儀器。

母親過世後的次年，年滿十八歲的瓦特，帶著他的工具及衣物，離家前往五十公里外的大城格拉斯哥，尋求學習手藝的機會。格拉斯哥位於克來德河上游，與瓦特老家格林諾

克的關係，如同臺灣的臺北市與淡水鎮一般。由於18世紀英國與美洲殖民地的商船貿易往來，促使格拉斯哥的快速成長；後來則由於工業革命興起，格拉斯哥成為紡織業及化工業中心，發展更為蓬勃，成為蘇格蘭第一大城，在整個英國則排名第三，次於倫敦及伯明罕。

然而，瓦特當時所見到的格拉斯哥，雖然已經相當繁榮熱鬧，但卻沒有他心目中想追求的東西；因為整個城裡，沒有一位有資格傳授瓦特儀器製作之道的人。

瓦特跟著一位光學師傅工作了一段時間，但那位師傅對於儀器製作，懂得比瓦特還少。瓦特母親娘家有位親戚在格拉斯哥大學擔任人文學教授，經由親戚的引薦，瓦特認

識了該校自然哲學（也就是現在的科學）教授迪克，並協助迪克建立了一套天文教學用儀器。

迪克教授對瓦特的才華印象深刻，也了解到瓦特所處的困境，於是鼓勵瓦特前往倫敦，學習精密儀器的製作。他向瓦特保證，如果瓦特取得父親的同意及資助，得以前往倫敦的話，他會幫瓦特寫一封推薦信，讓瓦特帶給倫敦著名的儀器製造師傅。

格拉斯哥與倫敦的直線距離約五百五十五公里，差不多是臺北、高雄來回一趟那麼遠。以今日交通發達的狀況而言，並不算太遠，但對18世紀的人來說，從格拉斯哥跑一趟倫敦，幾乎與出國沒有兩樣。瓦特的父親雖然無法給他太多經濟上的支援，但卻支持他前

往倫敦學習的決定。於是，瓦特與另一位也要到倫敦的朋友結伴而行，於 1755 年 6 月啟程，騎馬前往倫敦。

他們一共花了兩個星期的時間，才抵達倫敦。18世紀的倫敦，正走在從中世紀城市轉變成現代都市的分水嶺上；移民大量湧入，新住宅區不斷開發，貧富區域的界線也更形鮮明。當時任何初次抵達倫敦的訪客，望著煙囪林立與煤煙瀰漫的天空，以及泰晤士河上的千桅萬帆，都會感到震懾不已。

瓦特在倫敦迷宮似的街道中穿梭了許久，總算找到迪克教授介紹他前往拜訪的儀器製造商；不過，瓦特得到的卻是個壞消息。為了保障自己的生意，倫敦的各行各業都成立了所謂的同業公會，並定下各種

行規。例如製造精密儀器的鐘錶工會限定非會員不得在倫敦工作，若是想要取得會員資格，則必須跟隨某位會員當七年的學徒才能申請。但是瓦特並不想留在倫敦開業，而且他也不想花七年的時間當學徒，因此瓦特在倫敦一一拜訪各個儀器製造業者，希望能找到願意收他為學徒，但又沒有太多限制的地方。

花了一個月的時間，瓦特終於找到一位摩根先生願意收他為徒，但條件也很嚴苛。摩根答應讓瓦特在他的工廠裡學習，使用一切設備，但一來瓦特沒有工資可領，再來他一年還得付二十個金幣給摩根。在沒有太多選擇的情況下，這已經是相當不錯的機會了。瓦特離家時，父親給了他兩個金幣作旅費，如今只好寫信再向父

親請求援助。他在信裡告訴父親，希望在一年內學到別人花四年才能學得到的技藝；他還說，雖然摩根以製作銅製儀器為主，但也可以教他這一行裡大部分的其他技術，好比製造尺規、天平、四分儀等。

由於時間及金錢對瓦特來說都極為珍貴，因此瓦特一點一滴都不敢浪費。他每天很早就開始工作，一直做到晚上九點，累到雙手發抖才休息。由於他已經有不錯的底子，所以學習速度很快；但他想學的東西太多，只要有師傅在製作一些他還不會做的儀器，他就在旁觀摩，然後自己也學著製作一個。不用多久，瓦特製作的許多儀器，已經與老師傅做的一樣好，雖然製作速度可能慢一些。

在倫敦當學徒的一年裡，

瓦特大部分時間都待在工廠裡學習及練習儀器製作，同時為了省錢，吃用都很簡單，差點沒把身體給弄壞。

此外，還有一個因素也讓瓦特盡量減少出門：1756年，英國為了爭奪北美洲殖民地的所有權，向法國宣戰（史稱「七年戰爭」），英國軍隊在倫敦大街上抓人，只要不是合法的倫敦居民就會被抓去當兵。由於瓦特當時不是鐘錶工會承認的正式學徒，因此不受工會保護，他得自求多福，避免出現在公共場所。

終於，辛苦的一年結束了，1756年7月，瓦特帶著一年來累積的工具、材料以及書本，拖著疲累的身軀，回到了格林諾克的老家。

不過辛苦是有報償的，該年9月，恢復體力及健康的瓦

特就在格拉斯哥大學開設了工作室，他的正式職稱是「大學數學儀器製造師」。

工業革命

　　一般人提到工業革命，都曉得那是指從 18 世紀開始，歐美產業界因機械技術的發明及引進而出現的變革。工業革命前，各種製造業都仰賴手工及簡單的機械進行；工業革命後，各種製造過程開始有快速省力的機器代勞。以機器代替人工，不單產量大增，品質也有保證；更重要的是，連推動機械的動力，也由燃燒各種能源所產生的蒸汽力，取代了傳統的自然力及獸力。這種新型動力，不單馬力強大，可推動更大型的機械，同時也自給自足，無須仰賴外力。本書傳主瓦特，就是最早一批將蒸汽所攜帶的能量，加以妥善利用的人士之一。

　　工業革命又稱為產業革命或實業革命，最初發生於

英國，之後才逐漸推及於歐美各國。至於亞洲國家則在承受了船堅炮利的西方列強侵凌之後，才急起直追；一頁頁悲慘的中國近代史，從 1840 年的鴉片戰爭起，到 1900 年的八國聯軍，一直到 1937 年日本侵華的八年抗戰，都籠罩在工業革命的陰影之下。

　　至於工業革命為何發生在英國，而不是其他國家，有許多理由，其中包括英國擁有煤鐵等天然資源、英國大批的海外殖民導致各種民生用品的需求量增加，以及君主立憲的英國政府對於私人企業的寬容等都是；因此在天時、地利、人和等條件具備下，工業革命率先在英國出現，領先了歐洲其他國家。

　　早在瓦特改良蒸汽機之

前，工業革命其實就已經開始了。從 1730 年代起，英國陸續有取代人工的紡紗機及織布機的發明，大幅增加了紡織品的產量。這些紡織用的機械經過不斷的改進，到了 18 世紀末，瓦特的旋轉式蒸汽機問世，取代傳統的獸力及自然力來推動這些機器時，紡織工業使用的機械已經相當成熟了。因此，瓦特並不是工業革命的開創者，而只是重要的推手。

　　再來，工業革命改變的不只是製造業生產的方式而已，它還大幅改變了人們生活的方式，無論食衣住行各方面，都出現了重大的變化。

　　工業革命以前，多數人住在鄉間，務農為生，除了大地主外，多數人過著吃不飽穿不暖的日子。工業革命

後，工廠興起，開始招募大批工人，於是鄉村人口往工廠所在地集中，大型都市也逐漸興起。然而，工人的待遇一開始並不好，生活環境也很差，此外還有雇用童工的問題。雖然從19世紀起，各國政府就陸續立法解決勞工問題，但勞資對立的情形一直存在，直到今日。其中尤以20世紀初俄國發生的無產（勞動）階級革命影響最大，也導致國際共產黨的出現。

除了工人階級的出現外，工業革命還造成中產階級的興起；這些人通常是享受到工業革命好處的商人及專業人士，他們的收入及生活條件都有大幅的增進，同時他們也逐漸參與政治活動，增加政策制定的影響力。由於這批人重視下一代

的教育，因此推動了更多公私立大學的成立。工業革命前，英國的大學屈指可數，像英格蘭地區就只有牛津及劍橋兩所大學，之後才有像曼徹斯特大學（1824 年）、倫敦大學（1836 年）、伯明罕大學（1900 年）等學校如雨後春筍般成立，一般人受高等教育的機會也大幅增加。

工業革命帶來的另一項重大改變，是新式交通及運輸工具的問世。現代智人 (Homo sapiens) 在地球上生活了十幾萬年，一向以雙腳行走或奔跑，到了馴服驢馬駱駝等動物以及發明輪軸後，才出現代步工具，但人的行動及運輸的能力仍然有限，人類社會的發展也因此受到侷限；一直要到近兩百年來，才有天翻地覆的大轉變，這完全要拜工業革命之賜。

　　最早使用蒸汽機用作動力來源的交通工具是輪船，然後才是火車；前者出現在18世紀末的美國，後者則出現在19世紀初的英國。沒有多久，歐美其他國家也都引進了這兩種自動交通工具。修築鐵路，成了19世紀以至於20世紀最重要的國家建設之一；像橫越北美洲東西部的鐵路於1869年完成，為美國西部的開發揭開了新頁。而臺灣的第一條鐵路，連接大稻埕與基隆，全長約三十二公里，也於1891年（清光緒十七年）完工。直到21世紀的現代，火車與輪船仍然是重要的大眾交通運輸工具，只不過其重要性已經被後起的汽車及飛機取代。

　　從人類整個歷史來看，工業革命至今只不過是相當短暫的一段時間，但人類生

活的面貌卻與萬千年來迥然不同。然而，人類在享受了前所未有的舒適生活之餘，卻也面臨了工業革命帶來的後果，包括人口過多、資源過度消耗、自然環境遭到破壞，以及大自然的反撲等。這些問題雖然棘手，卻也不是全然無解，有待我們每個人的共同努力。

3 格拉斯哥大學儀器製造師

對於沒有機會接受大學教育的瓦特來說，能夠在大學裡找到這份工作，可說是極為難得，不過那也是機緣湊巧。格拉斯哥市雖然沒有製作精密儀器的工會，但也有個稱做「工匠團體」的同業公會，有權管轄在格拉斯哥開業的工匠。由於瓦特不是該團體會員，也不是當地會員的學徒出身，因此遭到該團體的抵制，不讓他在格拉斯哥開業。對於在倫敦異鄉才吃過工會苦頭的瓦特來說，回到家鄉又碰上同樣的事，可說是天大的諷刺。

幸運的是，瓦特在倫敦習得精密儀器製作及修理的技術，正是當時不斷求進步的格拉斯哥大學所迫切需要的，而

大學擁有自治權，不受當地工會管轄，因此瓦特也得以在大學校園裡一展所學。

除了前一年鼓勵瓦特前往倫敦學習的迪克教授外，瓦特還與醫學院新聘的一位教授約瑟布萊克成為好友，布萊克只比瓦特大八歲，才二十八歲就已經當上大學教授。布萊克是現代化學的創建者之一，他在加熱石灰岩時，發現岩石會逸出某種氣體，造成岩石的重量下降；布萊克稱該氣體為「固定氣」，也就是後來命名為「二氧化碳」的氣體。

此外，布萊克對於加熱中的水，如何吸收熱很感興趣；對於冰不會直接變成水蒸氣，也很好奇。他把熱看成是某種化學物質，而不是我們目前所知的能量。他以為熱與冰結合後，就變成水；熱與水結合

後，則變成水蒸氣。布萊克把這種隱藏在物質當中的熱稱為「潛熱」，也就是目前我們所稱的「熱容量」或「比熱」。事實上，當時的人還不清楚水是由小分子所組成，而水分子又由氫與氧這兩種原子所構成；加熱則是提供了水分子更多的動能，而使得水分子從冰或水的固定組態中逃脫。這一切的「常識」，都是18世紀的科學家逐漸發現的，布萊克及瓦特對此也都有所貢獻。

瓦特在格拉斯哥大學擔任儀器製造師的工作十分繁雜，不時有教授及學生拿來各式各樣的儀器要求修理，或是希望瓦特根據他們的需要製造全新的儀器，瓦特也來者不拒。由於瓦特具有高超的手藝及創造的天分，再加上過人的努力，他幾乎從來不曾讓他的顧客失

望。瓦特在格拉斯哥大學完成的幾件大工程裡，包括修理一位校友捐贈的天文臺設備以及製作一架管風琴；前者是從該校友在牙買加的私人天文臺拆卸後，經船運千里迢迢送到格拉斯哥的，其中多有損壞及受潮之處。瓦特在開箱後，一一將其清理、修復並裝設起來，讓校方十分滿意。

至於管風琴的製作，則完全不是瓦特的專長。之前也有顧客拿來橫笛、吉他或提琴等樂器請瓦特修理，但管風琴是完全不同的樂器，也複雜得多。瓦特本身不懂音樂，但他為此坐下來把樂理好好研究了一番，並把管風琴如何運作的原理徹底弄清楚。最後，瓦特製作的管風琴不但可以與最出名製造商的產品媲美，同時還有許多改進，像是利用共鳴原

理設計更準確的調音方法。因此，無論在管風琴設計機制，還是聲學原理上，瓦特都有所貢獻。

　　瓦特製作及修理儀器的名聲建立後，他的顧客不限於大學裡的師生，連校外人士也都慕名前來請他幫忙。於是瓦特找了一位合夥人，在格拉斯哥市成立了分店；這時，該市的工匠團體也已承認了瓦特的本事，並沒有刁難。瓦特的工作室最忙碌的時候，一共請了十六個人幫忙，超過了他父親當年家庭工廠的規模。

　　在大學裡工作，大大開展了瓦特的視野；他自學德文及義大利文，以便閱讀以其他語文撰寫有關儀器製作的書籍。他還參加了當時由格拉斯哥大學一群年輕教授組成的討論會，其中成員除了布萊克外，

還有《國富論》的作者亞當史密斯（理則學教授）、《階級區別起源》的作者約翰米勒（律師），以及自然哲學教授安德森（原先提供瓦特幫助的迪克教授不幸早逝）。瓦特日後回憶道:「我們談話的內容除了年輕男性一般感興趣的題目外，主要有關文學、宗教、人文等。由於我沒上過大學，所以我對於這些主題的初步認識，都來自於這些討論。」

隨著事業的穩定，瓦特也有了成家的打算。1764年7月，他娶了表妹瑪格麗特為妻。瑪格麗特是個脾氣好、有活力且實在的人，對瓦特照顧得無微不至；婚後，瓦特的心情變得愉快許多，不單頭痛減輕，憂鬱的毛病也減緩了。瓦特出外接洽生意時，瑪格麗特則幫忙照顧店面、接下訂單及

招呼顧客。在幾年內，她和瓦特生了三個小孩，除了老大夭折外，其餘兩個小孩都健康長大。

與蒸汽機結緣

今日提到瓦特的大名，多數人都會想到蒸汽機，但瓦特卻不是發明蒸汽機的人；從18世紀初開始，英國的煤礦業就已經開始使用蒸汽機進行抽水的工作。這種最早期的蒸汽機，是一位名叫湯瑪斯・紐克門的英國人於1712年發明的。紐克門蒸汽機又稱為「大氣蒸汽機」，因為推動該蒸汽機的壓力與大氣壓相當；瓦特的最大貢獻，就是改進了紐克門蒸汽機，使得蒸汽機變得更有效率，用途也更廣泛。

人類曉得用火以後，就對於把水加熱煮沸、變成水蒸氣的現象感到好奇。從經驗當中，人類也早就曉得水蒸氣可是比開水還危險，灼傷皮膚所

造成的傷害也更嚴重。要是將燒水的容器密封起來加熱，水蒸氣遲早會將封口衝開，甚至造成容器的爆裂。有些燒開水的壺嘴裝有汽笛，水燒開時水蒸氣從壺嘴逸出，造成汽笛聲響，用意就是告訴我們水燒開了，該把火關上。

早在 1759 年，瓦特就對蒸汽機有所接觸，那是由布萊克教授的一位學生兼助手羅比森所促成的。羅比森比瓦特小幾歲，對於沒有上過大學卻比自己懂得還多的瓦特佩服萬分，他倆之後也成為了一輩子的好友。羅比森寫過一篇文章，提出以蒸汽機推動車輪的可能性，為此，瓦特製作了原始的雙汽缸模型，但並沒有成功。

過了兩年，瓦特又著手研究現代壓力鍋的前身，他在壓力鍋的出口裝置了一個小型的

針筒，發現蒸汽的力量可以推動針筒的活塞，以及置於活塞上方約八公斤的重量。瓦特的個性極為謹慎，他對於壓力鍋的高壓感到害怕，因為在當時，無論鍋子的材質及製作都未達完善，爆炸的可能性甚高，因此瓦特並沒有繼續研究下去。

雖然紐克門蒸汽機已在英國煤礦業使用了幾十年，但還不算普及，整個蘇格蘭也沒有幾臺，所以瓦特一直沒有機會親眼目睹。不過，格拉斯哥大學卻有一臺紐克門蒸汽機的模型，是倫敦一家儀器製造商按原件比例縮小製造的。然而該模型的運作一直都有問題，送回倫敦原廠修理也未見改進。於是，負責管理該模型的安德森教授在 1763 年底，將該模型送到瓦特的工作室，請瓦特修

修看；因此瓦特也才頭一次有機會，可以好好研究紐克門蒸汽機的運作原理。

紐克門蒸汽機的汽缸活塞是上下移動的：向上的力量是靠位於下方的鍋爐加熱後，由煮沸的水所產生的蒸汽壓力；至於向下的力量則是靠注入冷水到鍋爐中，將其中的蒸汽冷卻，造成體積縮小形成局部真空，與外在的大氣壓力形成壓力差所造成。活塞上頭則以鐵鏈與橫梁的一端相接，橫梁的另一端則以鐵鏈與深入地下的幫浦桿相接；橫梁的支柱在中央，可以右上左下、右下左上的方式移動。當位於橫梁一側的活塞往上移（受蒸汽的推動）時，另一側的幫浦桿則往下走；當活塞往下移（受大氣壓的推動），幫浦桿則往上提，將地底的水抽出。

　　瓦特研究了該蒸汽機模型一陣子之後，就發現了紐克門蒸汽機的缺點，以及該模型的問題。紐克門蒸汽機最大的缺點，是燃料耗費太多，效率太低；其主要的原因是鍋爐的溫度上下變化太大：一開始要把水加熱到沸騰時的攝氏一百度，而注入冷水冷卻後，溫度就降到了十五度左右，然後又得耗費許多柴火再度將鍋爐的水燒至沸騰。這樣一升一降、一降一升，也就是耗費燃料的原因所在。

　　至於模型機的問題，則是製造商將鍋爐的半徑按比例做線性縮小，但沒想到鍋爐的體積是按半徑的三次方計算；半徑如縮減一半，體積就成了原來的八分之一。由此比例製造的模型，活塞上下動個幾次後就停止了，那是因為鍋爐的體

積有限，冷卻後產生的真空壓力差太低，不足以移動活塞，於是就卡住了。

要解決模型機的問題不難，只要將鍋爐尺寸放大即可，但要解決紐克門蒸汽機效率不夠的根本問題，就沒那麼簡單。為了這個問題，瓦特日思夜想，也對機具做了許多改進，但都徒勞無功。不過在研究的過程中，瓦特發現了不少物理現象，譬如他發現水在真空（低氣壓）下的沸點要比正常大氣壓下低得多，同時他還發現水蒸氣可以讓比它體積大六倍的水沸騰，可見水蒸氣所攜帶的熱量，比水大六倍左右。一開始瓦特並不了解這種現象的原因，於是他向布萊克教授請教；布萊克向他解釋了「潛熱」的原理，並以實例說明：沸騰的水在繼續加熱時，

水的溫度仍維持在攝氏一百度，並不會上升，所加的熱量都促使水變成水蒸氣了，因此水蒸氣要比沸騰的水還帶有更多的熱，一如瓦特所發現的現象。

然而尋求改進紐克門蒸汽機缺點的難題，卻花去瓦特好幾個月的時間。根據多年後瓦特自己的回憶，他是在 1765 年春天的一個星期日午後突然想通的；當時的歐洲人，還謹守星期日不得工作的教會規定。所以瓦特也放下工作，在格拉斯哥大學的草坪上散步，但他的腦子裡卻想著蒸汽機的問題。突然間，他想到蒸汽的性質就像流體一般，會朝壓力低的方向流動。如果說在汽缸與某個容器之間建立起連結，那麼汽缸裡的高壓蒸汽就會順著壓力差，從該連結進入相鄰的

容器，蒸汽也就可以在新的容器中降溫凝結成水，而無需將汽缸本身冷卻；如此一來，就可大幅節省將鍋爐再度加熱沸騰的燃料消耗。

像這種科學上冒出重大發現的故事，科學史上可是經常可見：科學家為了解決某個難題，苦思了許久之後，突然靈光一閃，答案就在眼前。像瓦特是在散步的時候，靈感出現；據說阿基米德是在進入澡盆洗澡的那一刻大叫一聲「我想到了」；還有好些人的靈感，則是在睡夢當中出現。這種解決問題的靈感或創意怎麼樣會出現，以及要如何培養，困擾過許多人；但我們只要曉得，這些人都曾經花過許多時間精力在試圖解決的問題上，我們也就比較能夠了解，創意絕對不會憑空而降，背後還有

許多看不見的知識累積與努力。甚至在瓦特的例子中，從想到解決問題的點子，到實際設計及製造出可用的蒸汽機，還要經過更長的時間以及克服更多的問題；因此，單有創意，常常是不夠的。

根據他的靈感，瓦特很快的製作了一個克難的改良式蒸汽機模型，其中具有分離的冷卻器，該模型也一如預期，運作無礙。然而，從小模型到真正的實體機器之間所存在的巨大差異，絕對要比仿照實體機器製造小型模型機還來得困難。因為要把幾層樓高的蒸汽抽水機組裝起來，可不是製作小型儀器的工作室辦得到的，瓦特得先有裝設特別起重機的大型工廠才行。其餘零組件的製作、整體的組裝等等，可是有無數個未知的困難要一一克

服。此外，瓦特還有一個更大的問題──就是錢。

不單是生產大型器械的工廠需要大筆的經費，購買木材、金屬等原料也都需要錢。瓦特在研究改進紐克門蒸汽機的過程中，已經用去了許多積蓄，雖然他的朋友布萊克很大方的借錢給他，但離真正需要的數目還差得很遠。於是，1765 年的夏天，布萊克介紹了一位實業家羅巴克給瓦特認識。在接下來八年左右的時光，羅巴克在瓦特的生命中占了相當重要的地位。

大氣壓力

　　瓦特蒸汽機與之前的紐克門蒸汽機都屬於「大氣蒸汽機」，因為它們都利用大氣壓力作為推動引擎活塞的動力。那什麼是大氣壓力呢？其實，大氣壓力就是空氣的重量，壓在各個物體表面上的力量。

　　空氣也有重量的觀念，似乎與一般人的認知不同：我們在充滿大氣的空間裡自由移動，似乎從不曾感覺有任何的壓力存在。那是因為我們的身體內部並非實心或真空，體內的空間也擁有同樣大小的壓力，與大氣壓力互相抵銷，所以感覺不出；只有在大氣壓力出現迅速的變化時，我們才感覺得到。以下就是個常見的例子。

　　如果我們在類似臺北一〇一大樓的摩天大廈裡，搭乘快速電梯升降，或是搭飛機旅遊，在起飛及降落時，

就會感覺到因大氣壓力的變化，而造成耳膜的疼痛。那是因為越往高處走，空氣會越稀薄，大氣壓力也就越小。人的中耳是個密閉的小空間，與外耳道以耳膜相隔；當外界的氣壓出現迅速變化時，就會與中耳腔的壓力不同，而造成耳膜的變形。其中尤以快速降落時，瞬間增加的大氣壓力將耳膜往狹小的中耳腔擠壓所造成的不適最明顯。所幸中耳腔與口腔有條耳咽管相連，可以調節中耳壓。耳咽管平常是關閉的，在吞嚥時會短暫開啟，因此嚼口香糖有助於解決這個問題。另一個快速有效的做法，是關閉口鼻（閉嘴並以手指捏緊鼻子）進行呼氣動作，由此動作增加的口腔壓力，可擠開封閉的耳咽管，以平衡中耳腔的壓力。

　　科學家將位於海平面的大氣壓力，定為一大氣壓；壓力的單位是一定面積上承受的重量。至於一大氣壓有多大呢？在一平方公分的小面積上，就可達一公斤以上！這大概是一般人想像不到的。17世紀德國馬德堡有位科學家顧艾立克做過一個著名的實驗，也讓世人了解到大氣壓力的力量有多麼大。他以銅製作了兩個直徑約三十六公分的中空半球，然後他將兩半球密合，抽出裡頭的空氣，造成真空。接著，他用了由不同數目馬匹組成的兩組馬隊，各拉住其中一個金屬半球，試圖將它們拉開，結果多達十二匹馬都沒有成功。根據計算，該球體的表面積有四千平方公分，因此承受了四千公斤的大氣壓力，難怪用上十二匹馬或再多幾匹也不見得能夠

拉ㄌㄚ得ㄉㄜ開ㄎㄞ。

　　曉ㄒㄧㄠ得ㄉㄜ大ㄉㄚ氣ㄑㄧ壓ㄧㄚ力ㄌㄧ的ㄉㄜ威ㄨㄟ力ㄌㄧ後ㄏㄡ，對ㄉㄨㄟ於ㄩ蒸ㄓㄥ汽ㄑㄧ機ㄐㄧ可ㄎㄜ使ㄕ用ㄩㄥ大ㄉㄚ氣ㄑㄧ壓ㄧㄚ力ㄌㄧ來ㄌㄞ推ㄊㄨㄟ動ㄉㄨㄥ活ㄏㄨㄛ塞ㄙㄞ，也ㄧㄝ就ㄐㄧㄡ沒ㄇㄟ那ㄋㄚ麼ㄇㄜ讓ㄖㄤ人ㄖㄣ意ㄧ外ㄨㄞ了ㄌㄜ。大ㄉㄚ氣ㄑㄧ壓ㄧㄚ力ㄌㄧ的ㄉㄜ變ㄅㄧㄢ化ㄏㄨㄚ，也ㄧㄝ是ㄕ氣ㄑㄧ象ㄒㄧㄤ變ㄅㄧㄢ化ㄏㄨㄚ的ㄉㄜ主ㄓㄨ因ㄧㄣ，甚ㄕㄣ至ㄓ颱ㄊㄞ風ㄈㄥ、龍ㄌㄨㄥ捲ㄐㄩㄢ風ㄈㄥ等ㄉㄥ天ㄊㄧㄢ然ㄖㄢ災ㄗㄞ害ㄏㄞ，也ㄧㄝ都ㄉㄡ是ㄕ由ㄧㄡ於ㄩ大ㄉㄚ氣ㄑㄧ壓ㄧㄚ力ㄌㄧ的ㄉㄜ變ㄅㄧㄢ化ㄏㄨㄚ所ㄙㄨㄛ造ㄗㄠ成ㄔㄥ，更ㄍㄥ是ㄕ不ㄅㄨ能ㄋㄥ小ㄒㄧㄠ看ㄎㄢ。

5 羅巴克與蒸汽機專利

　　羅巴克並非蘇格蘭人，他原本是在英格蘭中部大城伯明罕開業的醫師；在行醫之餘，羅巴克對實驗及研究深感興趣。1740年代，羅巴克發明了從廢五金中提煉出貴重金屬以及製造工業用硫酸的方法而致富。接下來，他在蘇格蘭中部的凱倫河畔建立了煉鐵廠，主要是當地有水、有鐵礦也有煤礦，同時離格拉斯哥不遠，方便將煉好的鑄鐵出口到美洲。由於煉鐵需要大量的燃煤，羅巴克又投資了煤礦的開採；然而隨著煤礦的脈層位置越採越深之後，地下水堆積以及礦坑塌陷的問題，也讓他的財務問題越來越嚴重，終於導致破產的命運。不過這是後話，暫且

不提。

　由於當時唯一可用的紐克門蒸汽機，無法解決煤礦的地下水問題，因此當布萊克介紹發明改良式蒸汽機的瓦特給羅巴克認識時，羅巴克就表示相當有興趣。由於羅巴克是個謹慎小心的人，自己也有研究發明的經驗，因此考慮的問題特別多。在與瓦特見過面，並經過長達一年頻繁的信件來往後，羅巴克終於答應投資建造瓦特所發明的蒸汽機，並吸收瓦特的債務，條件是瓦特得將他發明的改良式蒸汽機申請專利，羅巴克則享有三分之二的專利權。

　瓦特是個追求完美的人，在實際動手建造實體機器之前，他又花了一年時間改良他的模型機；至於專利申請，則又多花了兩年。然而，從模型

機放大到製造實體機器之間，問題可是層出不窮：一會兒是由羅巴克煉鐵廠製作的汽缸及活塞品質不佳，需要重製；再來是組裝起來之後，汽缸與活塞之間密封不良，導致蒸汽外逸。總而言之，瓦特設計建造的第一臺蒸汽機雖然深具潛力，但由於當時蘇格蘭的工業水準不高，導致產品不夠精良，而未能發揮應有的功能。

雖然羅巴克對於瓦特蒸汽機的早期發展有相當貢獻，但打從他們一開始合作起，羅巴克的事業就已經出現危機，因此未能給予瓦特完全的支持，讓瓦特無後顧之憂，全力發展他的蒸汽機。為此，瓦特還得從事其他的工作，以維持家計。不過，瓦特與羅巴克的合作，給瓦特帶來兩項正面的幫助，對於瓦特未來事業的開展

有決定性的影響：其中之一，是蒸汽機的專利申請，另外一個則是讓瓦特認識了一批新朋友。

任何發明，如果沒有某種法律上的保障，那無論什麼人都可以拿去應用，無需付出任何成本；這麼一來，原發明人的心血將毫無所獲，那麼誰又要花時間、金錢與力氣去發明呢？因此，專利的重要性不言可喻。至於專利的起源已不可考，不同國家及地區都有類似的保護辦法；但英國自 15 世紀中就開始有申請專利的紀錄，可謂全世界歷史最悠久的專利制度。由此來看，工業革命會在英國出現，也不是沒有道理的。

瓦特於 1768 年 7 月親自前往倫敦，送出改良式蒸汽機的專利申請。該申請書中，技術

部分的詳細說明只有短短兩頁，包含下面七項重點：一、運作中的汽缸必須保持熱度；二、蒸汽凝結是在獨立的冷卻器中進行；三、冷卻器中沒有完全凝結的蒸汽，將由幫浦抽出；四、用來推動活塞的蒸汽膨脹力，與現有引擎使用的大氣壓力類似；五、某個以蒸汽推動、順著軸線轉動的設計；六、由蒸汽的反覆膨脹與收縮所推動的引擎設計；七、使用各種材料以維持活塞與引擎其他部分的密閉。

瓦特的專利於 1769 年 1 月正式生效，有效期間為十五年，同時該專利權只包括英格蘭、威爾斯及美洲殖民地，不包括蘇格蘭在內；這些不足之處，後來都造成一些問題。還有專利本身沒有寫清楚以及沒有附圖的部分，後來也遭到同

業挑戰，在此暫且不提。

除了為申請專利跑了一趟倫敦外，瓦特於前一年也還有過一回倫敦行。比起十幾年前那個騎馬到倫敦拜師學藝的窮小子，這兩次旅行已有進步，是坐馬車前往；但瓦特的事業到這時仍不穩定，蒸汽機的發明能否成功也還在未知之天，瓦特心中難免有些感傷。不過這兩次遠行，卻有意料之外的收穫。他應羅巴克之請，特地經過羅巴克的老家──英格蘭中部大城伯明罕市去見羅巴克的一些朋友。瓦特絕對沒有想到，這些新朋友竟成了他一輩子的好友，伯明罕也成了他後半生的家。這層因緣，將於下面詳述。

6 運河測量員瓦特

　　蒸汽機的研發工作，花去瓦特許多時間與精力，但他同時還得從事儀器製造維修工作，以賺錢養家活口。不幸的是，瓦特的儀器店合夥人於1765 年過世了，瓦特得償還當初向死者借貸的款項給死者家屬。 1766 年夏天，瓦特賣掉了他的儀器店，轉而從事另一項收入較為穩定的工作，也就是修築運河的測量員。

　　本書緒言中已經提過，在火車、汽車等自動交通工具問世以前，船運是最方便且經濟的大型運輸方式；只不過不是每個地方都臨海，或是有航運之便的河流經過，因此，修築運河成了另一項選擇。 1766 到1767 年間，瓦特完成了連接蘇

格蘭向東流的福斯河與向西流的克來德河之間修建運河的測量計畫，並特地跑了一趟倫敦，前往下議院報告，希望取得修建的許可及經費。不過，他的這項努力並沒有成功。瓦特對於政客相當失望，他在家書中寫道：「我從來沒看過這麼多頭腦不清的人聚在一起，我想他們都給鬼迷了心竅。」

從 1769 到 1773 的四年間，瓦特參與了不下九次的運河測量工作，此外還負責了一條長約十五公里的運河修築工作。像這種測量及監造的工作，在現代是屬於工程師的執掌，但在 18 世紀，要求沒有那麼嚴格。瓦特雖然連大學都沒有念過，但他對測量工具的熟悉，足以讓他勝任這項工作；他甚至還改良了當時使用的測距儀。多年後，有人根據瓦特的

測量圖修築運河，還特別稱讚瓦特的測量工作準確。

運河測量員需要長期離家在外，餐風露宿，報酬也不高，是辛苦的工作，不過瓦特卻勝任愉快；但他只想當個單純的工程師，不喜歡兼任管理的工作。譬如他在寫給伯明罕新朋友的信中提到，他不喜歡討價還價，也不喜歡記帳，更不喜歡管人，對於大小事都要經手感到煩悶。由此，我們可以看出瓦特內向的個性，適合做個工程師、科學家及發明家，卻絕對不是做總經理或生意人的料；也因此，瓦特這匹千里馬需要有位伯樂的賞識，才能發揮他最大的潛能。

對瓦特來說，1773年是個轉捩點。該年8月，他的蒸汽機合夥人羅巴克的事業走到終點，開始變賣財產以清還債

務；先前羅巴克享有瓦特蒸汽機三分之二的專利權，也讓渡給伯明罕市的另一位實業家波爾頓，而波爾頓正是瓦特幾年前過訪伯明罕時，新交的朋友之一。這雖然是羅巴克的不幸，對瓦特來說卻是個轉機。

再來，到了該年9月，又發生了另一椿不幸的事。當時瓦特還在蘇格蘭高地進行運河的測量工作，家中有消息傳來，他懷孕中的妻子瑪格麗特病重；等瓦特兼程趕回家中時，瑪格麗特已因難產而去世。瓦特與瑪格麗特結婚九年，感情一直很好，她一直是瓦特的精神支柱；他們已有兩個小孩，老大才六歲，如今瑪格麗特突然去世，怎不讓瓦特悲痛萬分？

妻子的過世，使得蘇格蘭老家成為瓦特的傷心地；而與

羅巴克的解約，也讓瓦特無法
完成他設計的第一座蒸汽機。

如前所述，該蒸汽機的問
題層出不窮，一直未能正常運
作。1774 年 5 月，瓦特帶著兩
個稚兒及家當，離開了格拉斯
哥，向南行來到四百公里外的
伯明罕，展開了新生活。這一
年，瓦特三十九歲，正要進入
壯年。

7 伯明罕與波爾頓

　　伯明罕位於英格蘭中部，是英國第二大城，僅次於倫敦。伯明罕附近有煤礦也有鐵礦，很早就以金屬製造業知名，從製作刀剪、錢幣、槍枝、紐扣到玩具，無所不包。加上伯明罕屬於新興城市，沒有古老教會的強力控制，因此吸引了擁有各種信仰的人士來此定居，許多人也以製造業致富。到了18世紀末，伯明罕已從製作手工藝品的小鎮，變成了重要的製造業中心。

　　自從七年前，瓦特首度過訪伯明罕，認識了幾位朋友之後，他們就經常以書信往來。其中尤以史墨爾與達爾文（是提出「演化論」的達爾文的祖父）兩位醫生，以及一位實業

家波爾頓，對瓦特的才能及發明十分賞識，也對敏感內向的瓦特鼓勵有加。事實上，當初在申請蒸汽機專利時，波爾頓就已有心加入投資，但由於瓦特先接受了羅巴克的資助，因此主導權在羅巴克手上；而羅巴克只願意讓出英格蘭三個郡的專利權給波爾頓，所以波爾頓拒絕了。如今，羅巴克不幸事業失敗，宣告破產，波爾頓也就順理成章，全面接收羅巴克所擁有的瓦特改良型蒸汽機三分之二的專利權。

所謂「危機可能是轉機」，對瓦特來說，可是再貼切不過。妻子的過世與原先贊助人的破產，迫使瓦特離開住了半輩子的家鄉，投奔新的贊助人波爾頓。事後顯示，那可是極為正確的決定，也改變了他後半生的命運。

　　波爾頓比瓦特年長八歲，與瓦特分屬於兩個極端的人物；相對於瓦特的內向與悲觀，波爾頓則豪爽、熱情、野心十足，且喜歡冒險。然而，兩個在個性上相當不同的人，卻可能在對方身上發現自己缺少的特質，而互相吸引，成為好朋友；這或許是一種補償的心理，卻也產生了截長補短的好處。

　　不過，波爾頓與瓦特在某些方面還是有相通點：他們都沒有受過大學教育，但對於汲取新知，尤其是有關新的技術與新的發明，都特別感興趣。因此，他倆都是自學出身，除了廣泛閱讀外，還從許多博學多聞的朋友身上，獲得所需的知識。波爾頓的父親是個玩具及紐扣製造商，所以波爾頓從小耳濡目染，很早就對製造業

感興趣;他在工廠裡學到的東西,與在教室裡學到的一樣多。波爾頓十五歲以後就開始學手藝,不再上學;十七歲時,他發展出一種在金屬紐扣上鑲上「琺瑯」的技術,由此技術製造的成品,流行一時,並大量出口到法國,賺了不少錢。到他二十一歲時,已經升任經理一職,成為父親的左右手,管理家族工廠。

由於有這樣的出身,波爾頓並不像當時許多出身世家的紳士科學家,以追求新知為嗜好,但不事生產;他可是同時擁有科學家的好奇心與生意人的頭腦,隨時思考著如何應用最新發明,以最經濟且最有效率的方式,製造出最好的新產品,在市場上推出,取得最大的收益。與他父親一代所經營的家庭工業相比,波爾頓的野

心更大，成就自然也更高。

　　早期的製造業都屬於家庭工業，某個製造商會挨家挨戶將批發來的原料分送，過幾天後再以同樣的方式取回成品或半成品。這種運作方式效率不高，品質也難以控制。再來，隨著製造產品的精密及複雜度增高，也要求工人擁有特殊的技術及機器，那就更不是家庭手工業可以提供的。波爾頓繼承了父親的事業後，就決心建立完整的工廠，把從原料到成品的所有製造過程，都在同一座工廠內完成。

　　這份理想雖然再合理不過，但實現起來可不容易，最大的困難在於資金的籌措。在工業革命以前，還沒有所謂的資本家或銀行家，更沒有所謂的創業投資貸款等觀念，所以大部分的企業都是靠家族財富

起家。像波爾頓這種並沒有顯赫家世的人，想要實現他的理想，並不是容易的事。

1749 年，波爾頓娶了一位富商之女瑪莉為妻；瑪莉繼承了不少遺產，帶給波爾頓的事業相當大的幫助。然而，波爾頓與瑪莉結婚十年，生了三個小孩，都不幸早夭，帶給瑪莉相當大的打擊，精神體力一落千丈，而於 1759 年去世，讓波爾頓悲傷不已。同年稍晚，波爾頓的父親也過世了；哀痛之餘，波爾頓仍打起精神，將管理家族事業的重責，一肩挑起。

隔年，波爾頓又再度結婚，對象不是別人，而是瑪莉的妹妹安妮。雖然波爾頓堅稱他是出於愛慕才展開對小姨子的追求，但此舉給他帶來更大的經濟利益；原本該由瑪莉繼

承的家產，在她過世後都轉到了安妮名下，加總起來有將近三萬英鎊之多，如果換成今日幣值，可高達兩百萬英鎊。因此，波爾頓可說是「人財兩得」。

同時繼承了父親以及太太娘家的產業之後，波爾頓開始逐步實現他的理想。

他在距伯明罕市區北面兩公里半處，買下一片丘陵地，其中有條小溪，波爾頓將它以水壩攔起，造成落差，就可以推動水車，作為工廠的能源。接著，波爾頓在山坡上建了一棟巨型廠房及倉庫，該建築採用當時流行的義大利建築師帕拉迪歐的風格，正面寬度有十九個隔間，高度有三層樓，還有個鐘塔及供馬車直接進出的門戶與道路，看起來氣派非凡，不像工廠，反而像有錢人

的住家。事實上，後來波爾頓自己就住在裡頭，就近管理。

波爾頓將該工廠取名為「蘇荷製造廠」，「蘇荷」原是獵人打獵時的叫喊聲。該廠可容納至少四百人同時工作，從各種原料進廠，到成品的出廠，完全都在同一座工廠裡完成，實現了波爾頓的理想。

波爾頓並投資了各式各樣的最新型機器，無論是金屬、合金、石材、玻璃、琺瑯、琺瑯等各種材質，都能加工處理。由於設計及製作的精良，蘇荷製造廠的產品，無論是時鐘、銀器、擺飾等，都成為王公貴族以及紳士名流的最愛，如今甚至成為博物館的收藏品。因此，打從1764年蘇荷製造廠落成起，就被譽為新工業的奇蹟，吸引國內外人士前來參觀。當時還有詩人為之吟

詠:「蘇荷！天才與藝術在此交會；你是歐洲的奇蹟，英國的驕傲。」

　　然而，維持工廠運轉不歇的動力來源卻是個問題。由水車轉動所帶動的輪軸，可提供許多小型機器運轉的動力，然而到了冬季枯水期就沒轍了，這也是波爾頓對瓦特的蒸汽機感興趣的原因之一。

瓦特和他的朋友們：月亮學會

　　人是群居的動物，尤其喜歡結交聲氣相投、志同道合的朋友，這也成為集社、學會與黨派的起源。中國歷史上有不少這種例子，魏晉時代的竹林七賢算是最出名的。然而在交通不發達的年代，集會的成員都只能侷限在距離不廣的區域，而不大可能與遠地的同道經常來往，因為到遠地參加集會可是件大事，出國就更不用說了。因此，20世紀以前，許多在學術會議中提出報告的作者不一定親自出席，他們會先將報告以郵件方式寄交大會，再請人於會中宣讀。

　　由於家庭經濟因素，瓦特沒有念大學就拜師學藝，踏入社會；但幸運的是，他早年在格拉斯哥大學擔任儀器製造師時，加入了大學裡

由一群年輕教授組成的討論
會，其中成員都是英國蘇格
蘭地區的一時之選，瓦特也
從討論中學到了許多文學、
宗教及人文等知識。然而，
對瓦特幫助及影響最大的，
還是在他移居伯明罕之後，
加入由波爾頓所成立的「月
亮學會」。

　月亮學會的性質，與當
時以娛樂活動為主的其他聚
會不同；這個學會所關心的
是自然科學的進展、最新的
實驗發現，以及新科技在製
造業的應用等。學會的成員
有醫生、科學家、工程師、
實業家及發明家等，前後共
有十二位主要的成員。他們
每個月輪流在會員家中聚會
一次；時間從下午兩點到晚
上八點，日期則挑在最接近
月圓的星期天或星期一。其
用意是聚會結束後大家可以

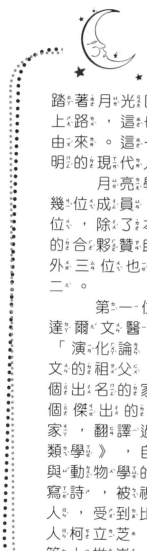

踏著月光回家，而無須摸黑上路，這也是該學會名稱的由來。這一點是習慣人工照明的現代人難以想像的。

月亮學會前後雖然有十幾位成員，但核心成員有五位，除了本書傳主瓦特及他的合夥贊助人波爾頓外，另外三位也值得簡短介紹一二。

第一位是伊拉斯慕斯．達爾文醫生，也就是提出「演化論」的查爾斯．達爾文的祖父。老達爾文除了是個出名的家庭醫生外，還是個傑出的自然學者及哲學家，翻譯過林奈的《植物分類學》，自己也寫過植物學與動物學的巨著。此外他還寫詩，被視為當代的優秀詩人，受到比他晚一輩的名詩人柯立芝、渥茲華斯及雪萊等人推崇。

老達爾文也是位發明家，發明過複寫機及馬車的操縱系統。同時，他還提出過演化的理論，認為每個屬於同一門的動植物，都來自一個共祖；只不過他的理論僅止於理論而已，不像他的孫子不單提出了詳細的演化證據，還包括了更重要的演化機制：天擇。但祖孫同時對這項影響深遠的「理論」發生興趣，並做出貢獻，可說是佳話一樁。

另一位成員名叫威基伍德；全球知名的威基伍德瓷器，就是他發明製造的。威基伍德幼時家貧，父親早逝，因此從小就在家庭製陶工廠工作。他十二歲時感染了天花，導致右腿膝關節受損，走起路來一跛一跛的；他甚至在三十八歲那年動了截肢手術，將病灶從膝關節

上方一一勞永逸的切除。這在當年麻醉藥尚未發明的年代，可是需要極大的決心與勇氣。

威基伍德的最大成就，在於改進陶瓷器的釉色，以及將藝術的審美觀帶進日常用品之中。他的工廠所製造的瓷器，陸續推出青綠、乳白、天藍、甚至黑紅的釉色，不斷造成時尚風潮，為皇室、貴族及有錢人家爭相採購，日後甚至成了博物館的收藏品。威基伍德瓷器也成為人類有史以來，第一個所謂的「名牌」。

威基伍德與老達爾文不單是好友，同時還成了親家：老達爾文的四子羅伯特娶了威基伍德的長女蘇珊娜為妻，查爾斯·達爾文就是他們的次子；因此，威基伍德是達爾文的外祖父。後

　　來，達爾文的大姐又嫁給了表哥（威基伍德的長孫），達爾文自己也娶了表姐艾瑪・威基伍德；因此，威基伍德與達爾文這兩個家族，可說是親上加親。

　　最後一位要介紹的學會成員是普列斯特利。他是位哲學家、神學家，更是位出色的化學家。普列斯特利最出名的研究及發現都與氣體有關；像二氧化碳、一氧化二氮（俗稱笑氣），以及氧等氣體，都是他最早發現的；他還將二氧化碳溶入水中，製成了最早期的汽水（碳酸飲料）。只不過受限於當時的觀念，他未能了解氧在燃燒過程中扮演的角色，而把氧稱之為「去燃氣」，讓法國的拉瓦錫奪得了「氧氣發現者」的頭銜。

　　此外，包括老達爾文、

瓦特及普列斯特利在內的月亮學會成員，都同時得出「水不是元素，而是氧與氫結合的產物」的結論。只不過瓦特過於小心，延遲了一年才將報告提送給英國皇家學會，而讓法國的拉瓦錫早一步在法國國家學院發表，使瓦特又錯失了一項「第一」的頭銜。

　　普列斯特利參與月亮學會沒多久，就因為一場地方暴動事件而避走倫敦，後來更移民美國，於美國賓州終老。他與美國開國先賢傑弗遜及富蘭克林等人都是好友。不過，多年後他在給瓦特的信中寫道：「當年同你及月亮學會諸友的愉快交往，永難再覓，也將長存心頭。」

　　月亮學會的幾位主要成員年紀都差不多，介於最年長的波爾頓及最年輕的瓦特

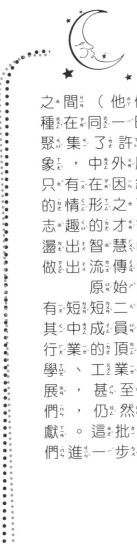

之間（他倆相差八歲）。這種在同一時代、同一地區，聚集了許多菁英人物的現象，中外歷史上不乏先例。只有在因緣際會、聲氣相投的情形之下，一批擁有共同志趣的才智之士，才可能激盪出智慧的火花，也才可能做出流傳青史的貢獻。

原始的月亮學會雖然只有短短二十幾年的歷史，但其中成員都是那個時代許多行業的頂尖人物，領導了科學、工業、醫學等方面的進展，甚至兩百多年後的我們，仍然受惠於他們的貢獻。這批傳奇人物，值得我們進一步的認識與了解。

瓦特蒸汽機問世

　　瓦特在伯明罕安定下來後，就開始著手蒸汽機的改良及測試工作。原先他在蘇格蘭幫羅巴克安裝的那臺原型機器，也被拆遷到伯明罕重新組裝。不久後，瓦特就發現原來以錫製的汽缸，用沒多久就塌陷了；同時如前所述，以木材製作、外面套以羊毛布的活塞與金屬汽缸的密合不佳，而不斷造成蒸汽的外洩，也一直是個大問題。這些零組件的缺失，雖然不是瓦特設計上的問題，但要是解決不了，蒸汽機一樣不能運轉自如。

　　這些在蘇格蘭未能解決的問題，到了伯明罕之後卻迎刃而解。主要是製造業發達的伯明罕市，已經發展出給金屬鑽

孔的方法，更重要的是所鑽的孔從頭到尾口徑都一致，那可是汽缸與活塞密合的必要條件。所以說，若不是瓦特來到伯明罕，單是蒸汽機的成功製作，就可能拖上好些年，到時瓦特很有可能已經放棄，而由他人搶了先機。

　　對波爾頓而言，有了一臺成功運轉的蒸汽機並不夠；由於當初瓦特申請到的專利期限只有十五年，如今已經過了七個年頭，若是此時投入大筆資金，還等不到回收，專利就可能到期，到時候任何人都可以仿製，他的投資也將血本無歸。波爾頓與瓦特有兩個選擇，一是申請專利延長，另一則是申請新的專利；衡量各種可能性之後，他們決定提出專利延長的申請。

　　為了申請專利延長，瓦特

前往倫敦議會陳情，結果遭到一些競爭的對手抗議，說瓦特想要壟斷市場；瓦特則強調延長專利期限對於蒸汽機的研發及量產的重要性，並表明沒有壟斷之意。申請案於 1775 年 2 月送進，拖了三個月，其間多虧波爾頓及伯明罕其他朋友的幫忙遊說，終於在同年 5 月下旬取得了延長許可；不但將專利延長至 1800 年，同時適用範圍也將當初遺漏在外的蘇格蘭給涵蓋在內，可說是十分圓滿的結果。值得一提的是 1775 年 4 月，瓦特還在等待申請案的批准時，英國在北美洲的殖民地爆發了獨立戰爭；八年後，英國戰敗，美利堅合眾國正式成立。

　　解決了基本的機械以及專利問題之後，接下來就是生產與行銷的問題了。之前，波爾

頓早就大肆宣傳瓦特的新型蒸汽機，比起舊式的紐克門蒸汽機，不但更經濟，效率也更高，引起許多礦區及工廠負責人的期待。他們延後更新老舊蒸汽機的計畫，等著瓦特蒸汽機的推出；如今，正是展示成品的時候了。波爾頓要瓦特從原先直徑四十五公分的汽缸，擴大為九十六及一百二十七公分，分別提供附近的煉鋼廠及煤礦區使用，以展現新型蒸汽機的實力。

　像這種大膽冒險的舉動，是天性謹慎的瓦特不會主動嘗試的，以他的個性，只想一次解決一個問題；但在波爾頓的強勢推動下，瓦特也只有硬著頭皮一試。當時的蘇荷製造廠還沒有自己的鑄造廠，所以蒸汽機的各個零組件得外包給不同的製造廠，最後才在工地現

場組裝起來；其中如有任何差錯，可能就會組裝失敗。所幸這兩座最早的蒸汽機在組裝過程中，並沒有碰上無法解決的問題，最後都運轉正常；尤其是用於煤礦廠的大口徑蒸汽機，在不到一小時內就將深達二十公尺左右的礦坑積水給抽乾了，引起當地報紙的大幅報導，也給瓦特及波爾頓帶來無限滿足與憧憬。

9

征服康瓦耳

　　從 1776 到 1777 年間，瓦特一共接到了五張蒸汽機的訂單，口碑也傳了開來，甚至遠及法國；但波爾頓的眼光卻放在英格蘭西南角的康瓦耳郡，那裡是英國的礦鄉，盛產銅、錫、鉛、鋅、鐵等實用金屬。早自羅馬帝國時代起，康瓦耳就以產錫出名；至於位在較深層的銅礦，則是進入 18 世紀後，才開始有大規模的開採。然而，許多礦藏靠近海邊，有的甚至深入海底，因此礦坑積水的問題非常嚴重。自紐克門蒸汽機於 1715 年引進康瓦耳作為抽水機之後，到了 1770 年代，康瓦耳郡已有六十座紐克門蒸汽機，由此可見該地對蒸汽機的仰賴。只不過康瓦耳當

地並不產煤，而蒸汽機運轉所需的燃煤，必須用船從南威爾斯運來，再以馬或驢馱到礦區，所費不貲；再加上紐克門蒸汽機不單費燃料，又容易損壞，所以不是每座蒸汽機都能夠隨時運轉。

也因為如此，當康瓦耳各礦區的負責人一聽說發明了改良式的蒸汽機，早在 1776 年就結伴前來蘇荷製造廠參觀。1777 年，波爾頓及瓦特終於收到第一張來自康瓦耳的訂單。為了打響知名度，該年 8 月，瓦特親自來到康瓦耳，負責裝設的工作。從伯明罕到康瓦耳郡的楚洛市有三百三十幾公里，乘坐馬車，單程就要花去瓦特四天時間。

瓦特對康瓦耳的第一眼印象並不好，酸性沼澤地上幾乎一棵樹也看不到，大地上點綴

著裝置引擎的棚屋及高聳的碎石堆，地表則是一個個礦坑，以及發出濃烈氣味的通風口和裂縫。由於康瓦耳人世代以採礦為生，工作環境極為艱苦。深入地底超過百公尺的礦坑，不但空間狹窄，空氣惡劣，坑內溫度更常常高達攝氏四十度以上，有時礦工還得半身浸在接近冰點的積水當中。在這種惡劣的工作環境下，礦工最長每六小時就得換班，從漫長的坑道中倒退爬出。

除了工作環境對礦工身體造成的傷害外，礦坑意外事件也經常發生。無論是礦坑落石塌陷、沼氣起火燃燒，還是人為使用火藥炸開礦坑，都可能造成礦工傷亡。因此，大多數礦工的壽命都不長，就算能活到三十來歲，體能狀況也不容許他們再繼續工作。

　　除了下礦坑採礦的青年男子外，婦女及小孩也投入工作，包括督促拉動絞盤的馬或驢不停繞著圈子行走，以便將裝滿礦石的籃子從地底拉出地面，其他的人則拿著鐵鎚將礦石敲開，磨成粉狀的礦砂，以煉製其中所含的金屬。所以說礦業是康瓦耳的命脈，是當地人全家都投入的行業，由此也造成該地粗獷慓悍的民風。

　　除了工作辛苦、身分低微的礦工外，康瓦耳礦區還有一批管理階層及負責蒸汽機運轉的工程師；1776 年前往伯明罕參觀瓦特蒸汽機的代表團，就是由這批人組成的。這些人號稱是「工程師」，但都是靠經驗而非學識起家，對於新發明的排斥與不信任，大於追求新知的好奇心；再加上瓦特內向的個性，更是與這些人格格不

入。因此，瓦特得用事實證明，也就是以運作良好且更有效率的蒸汽機，證明一切。

如前所述，早期瓦特蒸汽機的一些重要零組件是由不同的工廠製造，再分別送到裝置的地點進行組裝，因此在現場負責裝置的工程師，責任重大；他不單要熟悉蒸汽機的原理及構造，還得隨機應變，解決任何規格不合及安裝時的突發事件。由於康瓦耳的工程師自以為他們對於使用紐克門蒸汽機的經驗老到，而沒有想到瓦特的蒸汽機是更為複雜的機器，對精密度的要求也更嚴格，所以一開始由於安裝不當，機器未能正常運作，而帶給瓦特很多困擾及麻煩，我們從當年9月初瓦特寫給波爾頓的一封信裡，可看出一二：

　　上星期四，裝修工人在機器還沒有完全裝好前就讓它運轉了。之前我向他們說過，機器還在暖機時，一分鐘內活塞上下移動不要超過七到八下；由於有不少旁觀者在場，工頭想要賣弄一番，於是將引擎速度調到每分鐘二十四下，結果一下就把鍋爐的水燒乾了，導致蒸汽不足，機器也就停了下來，然而他們還不曉得發生了什麼事。

　　工頭向我抱怨壓力計不靈光，我發現他們在焊接時把它封死了，所以沒辦法運作。我還發現有許多接頭漏氣，他們都沒有花時間檢查修理。其餘小毛病還有許多，我在上星期一以前就警告過他們，他

們都不聽。星期五我忙到晚上九點才離開，星期六一早七點又開始工作，一直忙到十二點才去吃早飯。不過還不到十點鐘，引擎在我手上已經能夠安靜平穩的運作，每分鐘上下移動個十八次。

在接下來的兩年內，瓦特大部分時間都待在康瓦耳，甚至連波爾頓自己也親自前往康瓦耳坐鎮，他們都在當地購置了房舍，以供長期居住之需。一開始，為了要證明瓦特的蒸汽機確實比紐克門蒸汽機更經濟且更有效率，他們可說是賠本經營。等到一座接一座瓦特蒸汽機在康瓦耳成功運轉之後，他們才開始同礦主談如何付費的問題。

一開始，瓦特想出的付費

法是計算引擎的使用量以及燃煤量，然後推算出比紐克門蒸汽機省下多少費用，再從中抽取一定比例當作使用費。為了計算引擎的使用量，瓦特還特地在活塞上裝了記數器，以記錄活塞移動的次數，就好比目前汽車使用的里程表。只不過這種先進的專利使用付費法，在當時可是前所未聞，造成許多不信任及爭議。最後，瓦特也只好妥協，接受波爾頓提出的辦法，估算一定期間內新引擎可能省下的經費，作為一次賣斷的價格根據。

　　瓦特與波爾頓的合作並非都一帆風順，資金的不足以及負債的壓力，讓謹慎保守的瓦特常緊張不已，甚至陷入長時間的情緒低潮。所幸生性樂觀的波爾頓一再給予瓦特保證，甚至還把瓦特的一份本錢先給

　　了他，免得瓦特擔心事業失敗破產後會血本無歸。因此要是沒有波爾頓的支持，瓦特蒸汽機的成功也要大打折扣；所以千里馬也是要有伯樂的賞識，才可能飛騰千里的。

　　瓦特的蒸汽機終於在康瓦耳逐漸站穩腳步，當初持懷疑及不信任態度的管理人員及工程師，也都逐漸信服：瓦特的改良式蒸汽機確實強過紐克門蒸汽機太多。在十年的時間內，瓦特及波爾頓的聯合企業，一共在康瓦耳架設了三十九座蒸汽機，他們終於征服了康瓦耳。

　　1777 年，有一位名叫梅鐸的年輕人，慕瓦特之名，從蘇格蘭老家徒步走了近五百公里來到伯明罕，想跟隨瓦特學習。梅鐸雖然沒有受過高等教育，但從小跟著擔任建築設計師的

父親築橋蓋工廠，經驗豐富，是個天生的工程師。波爾頓在給他面試時，看他手裡拿著一頂別緻的橢圓形帽子，就問他帽子是什麼材料做的；梅鐸回答說，是他自己以一塊木頭為材料，用車床做出來的。波爾頓曉得那需要相當的車床技術，才做得出非圓形對稱的製品來，於是當場就雇用了梅鐸。

梅鐸在蘇荷製造廠學習引擎的製作兩年後，就被派往康瓦耳負責引擎的安裝工作。梅鐸不但技術精良，同時個性豪爽，容易與工人打成一片，因此解除了瓦特的負擔，讓瓦特不必長時間待在康瓦耳工地，可以更專心於其他的設計與發明。波爾頓曾誇獎梅鐸說:「我們需要有更多像梅鐸這種人。他是我見過最主動的人，也是

最好的蒸汽機架設員。由他架
設完成的蒸汽機，讓我佩服不
已；那完全是他付出的精神與
體力所換來的，因為他每天忙
到半夜三點才上床。」梅鐸對瓦
特及波爾頓極為忠心，他在康
瓦耳一共待了二十一年，一直
到去世都沒有離開波爾頓及瓦
特的公司。

10 旋轉式蒸汽機

　　早期的蒸汽機無論是用於礦坑、運河還是自來水廠，大都是用來推動抽水的幫浦，只不過幾年下來，市場逐漸飽和。波爾頓很早就看出蒸汽機所產生的動力，還可以有多方面的用途。他告訴瓦特，英國只有一個康瓦耳礦鄉，同時礦藏也終有採完的一天；反之，各式各樣的工廠、磨坊到處都有，也都用得上蒸汽機的動力。瓦特唯一要做的事，就是把幫浦引擎垂直上下的運動方式，改變成更富有彈性的旋轉運動方式。

　　事實上，瓦特早在提出改良式蒸汽機的專利申請時，就在申請書中提過「順著軸線轉動的設計」，只不過沒有正式

成形；如今到了 1780 年，在波爾頓的催促下，瓦特才開始專心考慮實際設計問題。其實，從直線運動變成旋轉運動早就有人提出過設計，只要在上下擺動的橫梁以曲柄連接某個轉輪即可。然而，當瓦特還在構思時，英國布里斯托市有兩位工程師已搶先一步，於 1780 年申請了曲柄轉輪的專利；而且，該專利原始的構想及製圖，很有可能是從蘇荷製造廠不小心流出去的。

為了避免侵犯別人的專利，也為了證明自己機械設計的能力，瓦特一下子設計了五種旋轉式引擎，其中都沒有用上簡單但有效的曲柄，但也都具有旋轉運作的功能。他將這五種旋轉式引擎都申請了專利，其中一種稱為「太陽與行星運動」的引擎，想法來自梅

鐸，運作最佳。那是在上下移動的縱軸桿末端接上一個固定的齒輪，該齒輪再與另一個可旋轉的齒輪接合。固定的齒輪（行星）順著縱軸的上下移動，在旋轉齒輪（太陽）外圍作圓形軌跡的移動，就帶動了旋轉齒輪的運轉。這項設計成功用在波爾頓及瓦特公司製造的旋轉式蒸汽機上，一直到19世紀初，才全部以曲柄取代，雖然曲柄的專利早在1794年就到期了。

瓦特的旋轉式蒸汽機還有一些特殊的設計。早在1775年，瓦特就想到：傳統蒸汽機只利用了活塞單向的移動（好比向下拉）來作功，但卻沒有理由說不能使用反方向（往上推）的力。為了辦到這一點，瓦特設計了控制汽閥，可讓蒸汽在活塞兩頭輪流進出，以進

行推拉。這種蒸汽機，就稱為雙動式或往復式蒸汽機。

瓦特雙動式旋轉蒸汽機還需要一項改進，才能獲得最大功效，也就是活塞桿與橫梁的連接方式。之前的垂直式移動的引擎，活塞桿與橫梁是以鐵鏈相連，只能往下拉，而不能往上推，這對往復式引擎來說就不再適用。於是，瓦特設計了一種巧妙的動臂裝置，利用三根槓桿將活塞桿與橫梁的一端相接，造成所謂的平行運動，使得垂直上下移動的活塞能帶動橫梁的弧形搖擺，而不至於傷及引擎。瓦特對這項發明深感驕傲，曾在晚年的生平自述中寫到：「雖然我不怎麼在乎虛名，但平行運動裝置是我最感到驕傲的機械發明。」

瓦特於 1784 年將平行運動裝置申請了專利，自此，由波

爾頓及瓦特公司所生產的旋轉式蒸汽機，結合了雙動式、太陽與行星旋轉運動系統，以及平行運動裝置等先進設計，成為當時全世界最佳的蒸汽機。他們也成功的將這種蒸汽機推銷給磨坊、紡織廠、釀酒廠等各種需要動力裝置的工廠；當時的英皇喬治三世就參觀了倫敦的一家釀酒廠，對於瓦特的蒸汽機印象深刻。

由於新式的旋轉式蒸汽機取代的是原本以馬匹拉動的轉動裝置，而非礦區的老式紐克門蒸汽機，因此，原本以新蒸汽機能省下多少燃煤來計算專利權使用費的方式，也不再適用。為此，瓦特估算了一匹馬在單位時間內能作多少功，設計出「馬力」的計量單位，作為收費標準。至今，馬力仍是通用的引擎功率單位，好比我

們會說這輛汽車的四缸引擎，能產生一百匹的馬力。至於目前通用的另一個功率單位「瓦」，是 1889 年由英國科學促進協會根據瓦特的名字所取的，後來也得到國際度量衡大會的採用，成為國際單位；一馬力等於七百四十六瓦。

　　瓦特在蒸汽機上還有一些改進，其中最重要的一項是「離心調速器」；那是由懸吊於軸心兩側、順著引擎軸心轉動的兩個鉛球所組成。該調速器的轉速與引擎速度成正比：當引擎速度加快時，鉛球的轉速也增加，造成的離心力使得鉛球向外張開，引起上方的連接套筒下降，而關閉了引擎的蒸汽閥，使得引擎慢下來。反之，當引擎運轉速度變慢，鉛球會往下垂，帶動套筒上升，汽閥也就因此開啟，造成引擎

加速。利用這種自動調速的裝置，引擎就可以自行控制其運轉速度，而不需要隨時有人在旁看管。

　　波爾頓及瓦特於 1776 年推出第一架改良式蒸汽機，接著在康瓦耳郡辛苦經營多年，但公司的財務一直不見好轉；還要等到 1785 年，他們推出旋轉式蒸汽機後兩年，才開始轉虧為盈，前後正好花了十年時間。除了瓦特設計改良的新式蒸汽機品質優良外，波爾頓的遠見及推廣也功不可沒。他們公司所製造的旋轉式蒸汽機，除了得到英國各地的工廠採用外，還開始外銷至歐美各國，並取得當地的專利。

11 波爾頓、瓦特及兒子們公司

　　瓦特的第一任妻子瑪格麗特不幸於 1773 年因病過世後，瓦特一人帶著兩個小孩來到伯明罕，一面照顧小孩，一面還忙於蒸汽機的研發，難免分身乏術。

　　1776 年，他回老家格拉斯哥尋找續絃的對象，看上了一位麻布製造商的女兒。瓦特前往提親時，未來的岳父要瓦特提出確實與波爾頓有合夥關係的證明，才願意把女兒嫁給他。

　　由於當初瓦特與波爾頓只有口頭上的協定，並沒有白紙黑字寫下來，因此瓦特才趕緊寫信給波爾頓，說明情況，然後不大好意思的請波爾頓寫一封證明函給他，好讓未來的岳

父放心把女兒交給他。當然，波爾頓也樂意幫這個忙。這椿意外事件，也使得瓦特與波爾頓的合作關係正式化。

瓦特的第二任妻子安妮比瓦特年輕十四歲，成了瓦特後半生的重要支柱；她幫瓦特又生了兩個小孩──格雷哥利及潔西，都得到瓦特的寵愛。不幸的是，潔西在少女時期（十五歲）就死於肺結核，而才華洋溢、在地質學界嶄露頭角的格雷哥利，則在成年後（二十七歲）也死於相同病症。白髮人送黑髮人，是瓦特及安妮晚年最大的傷痛。至於真正繼承瓦特事業的，是第一任妻子瑪格麗特所生的大兒子詹姆斯。

波爾頓及瓦特早就安排了兒子們的教育，好讓他們繼承他倆的事業：波爾頓的獨子麥特將接掌蘇荷製造廠的營運，

瓦特的兒子詹姆斯則負責實際的製造工作；以現代的講法，麥特受的是商業及管理方面的教育，詹姆斯則接受工程師的訓練。因此，在當地讀完中學後，瓦特就把詹姆斯送到製造蒸汽機引擎的鑄造廠當學徒，學習製圖及木工。之後，詹姆斯又在歐洲及英國好幾個地方遊學，學會了流利的法語及德語，也結交了許多朋友。這與現代企業家培養下一代的模式，可謂如出一轍。只不過瓦特一向節儉，給兒子的生活費不夠用，害得詹姆斯只好向波爾頓伯伯求救，慷慨的波爾頓也爽快的寄了張五十英鎊的匯票給詹姆斯。

　　1794 年，波爾頓及瓦特正式讓兩個兒子成為公司合夥人，接手公司的營運管理，「波爾頓及瓦特公司」也改名

為「波爾頓、瓦特及兒子們公司」。由下一代接手後的公司，最重要的一項建設是成立「蘇荷鑄造廠」。

從第一臺瓦特蒸汽機推出後將近二十年的時間，引擎的主體部分都是委託其他的鑄造廠代工的；那就好比今日臺灣許多的電腦週邊設備製造廠，幫美日等國的名牌電腦做代工一樣。雖然波爾頓最早的理想，是將所有的製造單位放在一個屋簷下，但鋼鐵鑄造廠的規模不比一般的製造業，花費也不是處於草創時期的他們所能負擔，因此就一直拖延下去。

自從波爾頓及瓦特公司推出適合各種工廠使用的旋轉式蒸汽機後，來自各方的訂單讓他們應接不暇，然而他們卻處處受制於代工鑄造廠的產量不

127

足，這是他們決定自行設立鑄造廠的動機之一。再來，早期供礦場使用的垂直式蒸汽機體積龐大，且需要在現場安裝，因此代工的鑄造廠只要將半成品直接送往使用工廠即可；這對於原本就有「工程師」常駐的礦場而言不成問題；但對於紡織廠、磨坊及各式小型工廠來說，就顯得不切實際。後者需要的是體積適中且已經組裝完成的機器，在運抵現場後，只需固定、接上傳動帶、添煤生火就可以開始運作。這是促使波爾頓及瓦特下定決心的第二個理由。

1795 年起，他們開始在伯明罕運河邊上購置土地，陸續興建了包括熔鐵爐、鍛冶廠、鑽孔廠、車工廠、裝配廠、木工廠、烘乾爐、鼓風爐等設備在內的建築群，一直到 1798

年，整個鑄造廠才大功告成。

　　雖然一開始，蘇荷鑄造廠的成品比不上其他有經驗的工廠，但隨著經驗的累積，該廠很快就成為應用工程師的養成所；只要在該廠受過學徒訓練或正式聘用的人員，就等於是拿到了工程師執照，可接受各地工廠的聘請。同時該鑄造廠的投資額雖然高達三萬英鎊（相當於今日的兩百萬英鎊），但結果證明，這是項明智且獲利甚豐的投資：工廠開工後六年的盈餘，就已將投資成本完全回收了。十多年後，該廠進行擴充，再花費的兩萬英鎊，同樣也以工廠的盈餘支付。

12 瓦特的晚年

　　瓦特蒸汽機的專利於 1800 年期滿，瓦特也在那一年從工作崗位上正式退休，開始過他的鄉村紳士生活。

　　這一年，瓦特年滿六十四歲，早年容易緊張及擔心的個性，已逐漸由沉穩及耐心取代；他的健康情況可以說比之前忙於工作的任何時刻都好，經濟狀況在過去十五年來更是大幅好轉，不但衣食無缺，同時還有多餘的存款供夫妻倆投資、置產及四處旅遊。他們除了常回老家蘇格蘭外，足跡也遍布英國各地；其中他們最喜歡的地方，是位於英格蘭西面的威爾斯，他們甚至還在當地置產，作為夏天的避暑別莊。

　　18、19 世紀之交，正是拿

破崙開始在法國崛起、橫掃歐陸之際；1802年，他們趁英國與拿破崙剛簽訂了「亞眠和約」兩國休兵的空檔，前往歐洲大陸各國旅遊了一趟。

除了生活無虞及身體狀況良好外，進入老年的瓦特還享受了功成名就的滋味。由於他所改進的蒸汽機大為成功，加上其他多項發明，以及關於水分子組成的科學研究，讓瓦特先後當選了英國皇家學會愛丁堡以及倫敦分會的院士、荷蘭及法國國家學院的國外院士，並獲得格拉斯哥大學頒給他的榮譽博士學位。其他還有一些名譽首長的官銜以及爵位的贈與，但瓦特都以年事過高而婉拒了。

人活得越久，也無可避免的要面對親朋故舊陸續凋逝的打擊。先前提過，瓦特於1794

年先有喪女之痛，之後每隔一兩年，就有布萊克、老達爾文、羅比森等老友的過世；他的次子格雷哥利死於 1804 年，然後是他的老搭檔波爾頓於 1809 年去世。波爾頓晚年受腎疾所苦，拖了幾年，終告不治，享年八十一歲。波爾頓過世後，瓦特寫了一封文情並茂的悼問函給波爾頓的兒子麥特，信是這麼寫的：

對於令尊的過世，謹致上最深的悼念之忱……我們可能哀嘆自己的損失，但也必須從令尊的角度設想，因為他已經忍受了過長時間的病痛折磨；同時我們也應該從懷念令尊的美德與傑出人格中，感到安慰。令尊的才能世間少有，至於能將這份才能實

際應用者，更是稀罕；如果再加上令尊的翩翩風采，以及他對朋友的大方及熱情等個性組合，就更是少有人能企及了。我們失去的就是這樣一位朋友，因此我們有理由因為曾得到他的友情而感到驕傲，就如同你以擁有這樣一位父親而感到驕傲一樣。

瓦特對於波爾頓的感念之情，在另一篇生平自述中也有所著墨，瓦特寫道：「我可以誠摯的說，他是我最愛戴、最信得過的朋友及贊助者；我與他相交相知達三十五年，從來沒有嚴重意見相左過。」

進入老年的瓦特並沒有閒著，他擔心自己的智力會衰退，無法做一些自己喜歡的

事，為此他還重讀德文，並很快的回復到當年的水準。此外，他將家中二樓一間五乘六公尺見方的房間變成他的工作室，在裡頭消磨許多時間，有如回到了童年在父親的家庭工廠、青年在倫敦學藝，以及後來在格拉斯哥開業的時光。

瓦特晚年還有過幾項發明，最出名的是可根據雕塑原件按比例放大縮小的雕刻機。

1810 年，他接受了格拉斯哥市自來水廠的委託，解決了一項將自來水穿過河流輸運的問題，可謂真正的退而不休。

終究，瓦特也走到了生命的終點；他的健康情況直到去世前一個月，都還維持得不錯，可說是有福之人。1819 年 8 月 25 日，瓦特於家中過世，享年八十四歲，無論在當年還是今日，都可謂高壽。雖然瓦

特遺囑裡明白表示，喪禮從簡，不要有遊行一類的活動，但以瓦特的名望，身後事卻也由不了他，以當時的標準，他的喪禮算是相當鋪張。他的墓地與波爾頓的比鄰而居，這兩位好友終得相伴長眠於地下。

瓦特過世後，其聲名在家族及朋友的鼓吹下持續上揚，甚至比他生前還要出名。他的貧微出身、他的勤奮，以及發明長才，不斷有傳記作家為之傳唱，因此，瓦特成了全球家喻戶曉的發明家，說他是蒸汽機的發明人，工業革命的主要推手，與一個世紀後的發明家愛迪生可謂前後輝映。1824年，倫敦的西敏寺更塑立了一尊由名家雕塑的瓦特雕像，供人瞻仰憑弔。雕像上還有贊辭，說瓦特是「最傑出的科學追求者，造福世人的恩主。」

13 瓦特的貢獻

　　人類社會絕大部分的科技進展，都不是從石頭裡蹦出來的，其中多有前人的智慧結晶；然而，世人都崇拜天才、偉人及英雄，也因此，我們常會將過多的光環，加諸於少數人頭上。瓦特當然稱不上是蒸汽機的發明人，因為之前已有紐克門蒸汽機的存在；甚至在紐克門之前，也有數種雛形蒸汽機的問世。但不可否認，瓦特的改良式蒸汽機確實是現代蒸汽機的始祖，其分離式冷卻器的設計大幅增進了紐克門蒸汽機的效率，加上後來旋轉式、雙動式蒸汽機的推出，才真正造成蒸汽機的普及。因此，瓦特對世人的貢獻，確實無可估量。

在推出旋轉式蒸汽機、並在礦區以外的各式工廠成功應用後，波爾頓及瓦特公司接到來自各地的訂單，造成他們蒸汽機的產量供不應求，於是出現了許多仿製品，其中尤以康瓦耳郡的礦區自行仿製的數量最多。

一開始，瓦特及波爾頓對於這種明顯侵權的行為並沒有展開法律行動；但在仿製之風越演越烈、仿製品數量越來越多以後，他們才向法院提出告訴。被告是他們公司先前的兩位雇員，離職後分別在康瓦耳推出自創品牌的蒸汽機；其中雖然有所創新改進，但都使用了瓦特發明的分離式冷卻器，而侵犯了瓦特的專利。

一如今日，打官司是曠日費時、勞民傷財的事，侵犯專利權的官司更是如此，因為其

中牽涉到技術性細節,在認定上尤其困難。從 1793 年起,這兩場官司就斷續進行著,其間有過勝訴的判決,但被告又再上訴,一直到 1799 年 1 月,瓦特及波爾頓才獲得最後的勝訴。然而這項遲來的勝利,象徵的意義卻勝過實質帶來的好處,因為當時離瓦特蒸汽機專利權的截止,只剩下不到一年的時間。

　　然而,於 19 世紀問世、至今仍使用的高壓、無冷凝式蒸汽機引擎,卻不是瓦特的貢獻;為此,瓦特遭到一些批評,說他的蒸汽機專利其實阻礙了進步,減緩了工業革命的腳步。這項指責雖然有其道理,但也只能說世間不可能有完人,每個人都受到天生才能及後天環境的限制;今日我們視為理所當然之事,在早先的

時代，可能讓人匪夷所思。

　　先前提過，瓦特蒸汽機以及之前的紐克門蒸汽機，其鍋爐當中的壓力並不高，只有一大氣壓左右。那並不是說瓦特不曉得利用高壓蒸汽來作更大的功，而是當年蒸汽引擎的材質及製作水準，都還不足以承受高壓，引起鍋爐爆炸的可能性甚高，因此天性謹慎的瓦特並沒有朝高壓蒸汽機發展。要說瓦特阻礙了進步，可能也高估了瓦特的能力，以及低估了其他人的潛力。

　　科技發展本來就像接力賽跑，瓦特的發明使得蒸汽機成為實用的工具，至於動力機械的進一步發展，好比帶動列車、輪船，甚至汽車的高壓蒸汽引擎，就有待19世紀的工程師做進一步的發明改進。像第一臺以高壓蒸汽推動的火車

頭，就是由出身康瓦耳的工程師崔佛席克，於 1804 年成功製造，並作公開展示，但其狀況一直不穩定，未能作有效的實際應用。崔佛席克非但未從中獲利，還貧困潦倒而死。至於真正實用的蒸汽火車頭，要到 1829 年，才由另一位英國人史蒂芬生發展完成，他也因此致富。人生際遇，天時確實占了相當重要的地位。

希臘神話裡，盜取天火送給世人的普羅米修斯，一向被視為人類啟蒙的象徵、文明的起源；同樣的，由瓦特所改進的蒸汽機，也讓人類對於能源的使用，脫離了對自然力及獸力的依賴，而開始有真正的掌握。從這一點來看，瓦特對人類的貢獻不可謂不大，因此他所受到的身後尊榮，也當之無愧。

瓦特

小檔案

1736 年　出生。

1753 年　母親去世。

1754 年　前往格拉斯哥尋求學習手藝的機會。

1755 年　前往倫敦。跟隨摩根先生習藝。

1756 年　學成後在格拉斯哥大學裡開設工作室。

1759 年　開始對蒸汽機有所接觸。

1763 年　嘗試修理紐克門蒸汽機的模型。

1764 年　娶了表妹瑪格麗特。

1765 年　製作了一個可以運轉的改良式蒸汽機模型。

1768 年　前往倫敦申請改良式蒸汽機的專利，隔年專利生效。

1773 年　妻子瑪格麗特去世。

1774 年　帶著兩個孩子離開格拉斯哥，前往伯明罕。

1776 年　與波爾頓共同推出第一架改良式蒸汽機。

1777 年　梅鐸慕瓦特之名，從蘇格蘭徒步走到伯明罕，想跟隨瓦特
　　　　學習；獲得波爾頓雇用後，極為忠心，一直跟隨瓦特及波
　　　　爾頓直至去世為止。

1781 年　申請「太陽與行星運動」裝置的專利權。

1784 年　申請平行運動裝置的專利。

1794 年　瓦特及波爾頓正式讓兩個兒子成為公司的合夥人。

1798 年　蘇荷鑄造廠建設完成。

1809 年　波爾頓辭世。

1810 年　接受格拉斯哥市自來水廠的委託，解決了一項將自來水穿
　　　　過河流輸運的問題。

1819 年　去世。

獻給孩子們的禮物

「世紀人物100」

訴說一百位中外人物的故事

是三民書局獻給孩子們最好的禮物！

◆ 不刻意美化、神化傳主，使「世紀人物」
　更易於親近。

◆ 嚴謹考證史實，傳遞最正確的資訊。

◆ 文字親切活潑，貼近孩子們的語言。

◆ 突破傳統的創作角度切入，讓孩子們認識
　不一樣的「世紀人物」。

兒童文學叢書

童話小天地

童話的迷人，
正是在那可以幻想也可以真實的無限空間，
從閱讀中也為心靈加上了翅膀，可以海闊天空遨遊。
這一套童話的作者不僅對兒童文學學有專精，
更關心下一代的教育，
出版與寫作的共同理想都是為了孩子，
希望能讓孩子們在愉快中學習，
在自由自在中發展出內在的潛力。

—— 简宛（名作家暨「兒童文學叢書」主編）

丁疙瘩　　奇奇的磁鐵鞋　　九重葛笑了　　智慧市的糊塗市民
屋頂上的祕密　　石頭不見了　　奇妙的紫貝殼　　銀毛與斑斑
小黑兔　　大野狼阿公　　大海的呼喚　　土撥鼠的春天
「灰姑娘」鞋店　　無賴變王子　　愛咪與愛米麗　　細胞歷險記

國家圖書館出版品預行編目資料

黑手工程師：瓦特／潘霞澤著;十三月繪.－－初版二
刷.－－臺北市：三民,2010
面; 公分.－－(兒童文學叢書／世紀人物100)

ISBN 978－957－14－4859－6 （平裝）

1.瓦特(Watt, James, 1736–1819) 2.傳記 3.通俗作品

784.18   96017287

© 　黑手工程師：瓦特

著 作 人	潘霞澤
主　　編	簡 宛
繪　 者	十三月
責任編輯	李玉霜
美術設計	陳健茹
發 行 人	劉振強
著作財產權人	三民書局股份有限公司
發 行 所	三民書局股份有限公司
	地址　臺北市復興北路386號
	電話　(02)25006600
	郵撥帳號　0009998-5
門 市 部	(復北店)臺北市復興北路386號
	(重南店)臺北市重慶南路一段61號
出版日期	初版一刷　2008年1月
	初版二刷　2010年9月
編　　號	S 781520

行政院新聞局登記證局版臺業字第○二○○號

有著作權‧不准侵害

ISBN　978-957-14-4859-6　（平裝）

http://www.sanmin.com.tw　三民網路書店
※本書如有缺頁、破損或裝訂錯誤，請寄回本公司更換。